2019

中国农业科学院农业经济与政策顾问团专家论文集

顾问团秘书处

中国农业出版社
北　京

编 委 会

前言

2019年是中华人民共和国成立70周年，是中国农业科学院深入学习贯彻习近平总书记贺信精神的一年。一年来，中国农业科学院全院上下深入贯彻落实习近平总书记“三个面向”指示精神，深入开展“不忘初心、牢记使命”主题教育，准确把握我国农业农村发展、脱贫攻坚、乡村振兴等对农业科技提出的新要求，积极进取、勇于创新，扎实推进重点任务落地落实，农业科技创新亮点纷呈，各项工作成效显著，发挥了“三农”工作科技战略力量的作用，作出了中国农业科学院应有的贡献。2020年是我国全面打赢脱贫攻坚战收官之年，是全面建成小康社会、进入创新型国家行列的目标实现之年。中国农业科学院作为我国农业科技创新的排头兵和国家队，继续做好农业科技创新工作意义重大。中国农业科学院要在加快推进“两个一流”建设、服务现代农业建设主战场等重大硬任务落实上，为确保我国农业丰收、打赢脱贫攻坚战、农村同步建成小康社会，提供有力科技支撑，继续发挥重要作用。

中国农业科学院农业经济与政策顾问团作为中国农业科学院宏观战略研究的重要组织，在国务院领导的关心和支持下，各位顾问专家紧紧围绕党中央、国务院关心，农业农村现代化迫切需要解决的重大理论和现实问题，广泛调研、深入研究，积极建言献策，发挥决策参谋职能，较好地发挥了科学研究咨询支撑科学决策的作用。2019年，顾问团又取得了一批新成果、新成绩，在专家咨询建议报告中，8篇得到领导批示，还编辑出版了《2018中国农业科学院农业经济与政策顾问团专家论文集》，较好地发挥了高端智库的决策咨询作用。

为方便查找和使用，现收集整理2019年领导批示的政策建议、顾问团专家论文、《判断与思考》简报专家文章等，汇编成集并出版。论文集分三个部分：第一部分收录了顾问团得到国务院领导及有关省部级领导批示的政策建议8篇；第二部分收录了顾问团专家论文6篇；第三部分收录了《判断与思考》简报专家文章4篇。在此一并呈献给大家，供交流参考。

祝各位顾问专家在新的一年里，身体健康、家庭幸福、工作顺利、多出成果！

中国农业科学院院长
中国工程院院士

2020年3月

目录

前言

2019年中国农业科学院农业经济与政策顾问团
向胡春华副总理的工作汇报 …………………… 唐华俊 万宝瑞 (1)

一、领导批示的政策建议

农村一二三产业融合发展的历史沿革及其战略地位 …… 万宝瑞 (5)
我国主要牧区草原承载力问题依然严峻 ……………………………
…………………………………………… 李 平 林克剑 金 轲 (11)
中国乡村革命、改革与振兴的历史意义与时代价值…… 郭斐然 (15)
当前粮食生产喜忧思
——基于豫鄂五县（市）的调研…… 钟 钰 普莫喆 牛坤玉
张 琳 张宁宁 秦 朗 沈祥成 田建民 陈萌山 袁龙江 (21)
落实乡村振兴战略，考核工作是关键 ……………………………
…………………………………………… 陈秧分 李先德 黄修杰 (30)
粮食“不愁吃”的保障机制存在明显短板
——基于云贵两省六县（市）的调研 ……… 普莫喆 牛坤玉
刘明月 张宁宁 秦 朗 钟 钰 袁龙江 陈萌山 (35)
农村厕所革命步入快车道，问题与挑战不容忽视 ………………
…………………………………………… 张永江 周新群 吴限忠 (43)
推动自治下沉与加快产业振兴是西部脱贫地区
实现乡村治理有效的基本路径……… 周向阳 黄 臻 赵一夫 (49)

二、顾问团专家论文

捡回另一半农业的再思考 …………………………………… 尹成杰（57）
对做好脱贫攻坚与乡村振兴相衔接的几点认识 ………… 陈晓华（68）
把握新时代农业机械化的基本特性…………………………… 江泽林（75）
着力激发微观主体活力　保持经济持续健康发展……… 黄守宏（96）
加快蔬菜机械化发展是当前的紧迫任务 ……………………… 薛　亮（103）
在中央农村工作领导小组座谈会的发言 …………………… 范小建（107）

三、《判断与思考》简报专家文章

脱贫攻坚与乡村振兴有机衔接需要解决
扶贫资产管理“三缺三难”问题 ……………………………………
…………… 吕开宇　施海波　李　芸　张　姝　郭君平　王明昊（115）
水资源约束下粮食安全问题再思考 …………… 牛坤玉　钟　钰（118）
“农民合作社＋托管服务”是实现粮食安全的新路子 …………
…………… 孙东升　郭君平　黄德林　宋彦峰　朱明坤　陈　磊（124）
多主体协同推进农村生活垃圾分类处理……… 朱　宁　赵一夫（130）

附录

附录 1　2018 年顾问团工作总结 ……………………………… （136）
附录 2　中国农业科学院农业经济与政策顾问团简介 ……… （139）
附录 3　中国农业科学院农业经济与政策顾问团成员 ……… （141）
附录 4　中国农业科学院农业经济与政策顾问团秘书处 …… （142）

2019年中国农业科学院农业经济与政策顾问团向胡春华副总理的工作汇报

胡春华副总理：

中国农业科学院农业经济与政策顾问团于4月21日在中国农业科学院召开了2019年度工作会议，会议对2018年重点工作进行了总结，对今明两年工作重点进行讨论，大家一致认为：

1. 顾问团成立以来，紧紧围绕党中央、国务院关心，地方政府迫切需要解决的重大问题进行深入调研，积极建言献策，先后得到习近平、温家宝、回良玉、李克强、刘延东、汪洋和您等党和国家领导同志的高度重视和多次批示，发挥了决策咨询的智库作用。截至2018年底，共出版《判断与思考》简报87期，有48期得到党中央、国务院和相关部委领导的批示。

2. 今明两年顾问团要紧密围绕党中央、国务院近期关注的重大问题、重点任务开展工作，立足农业农村发展实际，坚持问题导向，从国家治理体系和治理能力的现代化建设的高度，深入研究乡村振兴和现代农业的发展和政策问题。

3. 继续深入汪洋同志2015年5月15日对顾问团提出的四大研究任务：一要研究新时期农业农村在经济社会发展中的历史定位；二要研究新时期农业农村发展的总体思路；三要研究新时期农业农村发展的主要任务；四要研究新时期农业农村发展的重大措施，包括投入政策、价格政策、新型农业经营主体政策、农村产业政策等，进行调研。

4. 进一步围绕实施乡村振兴战略、发展现代农业、保障国家粮食安全、促进农民增收、培育新型农业经营主体五方面存在的突出问题开展研究。重点关注脱贫攻坚与乡村振兴的有效衔接、乡村振兴战略实施中的政策支持和资金投入保障、国际新形势下的粮食安全保障、中美贸易谈判背景下的国内农产品竞争力提升、新时期产业转型中的农村劳动力转移等方面内容。

目前，顾问团共有成员 15 位，顾问团团长由万宝瑞同志担任，秘书处设在中国农业科学院。在过去的十多年里，顾问团取得了一些成绩，主要是国务院领导给予的关心支持和指导的结果。今后，顾问团将一如既往地为党中央、国务院做好服务，为农业和农村工作献言献策，盼望您继续关心和支持顾问团工作，如需顾问团承担任务，请指示。

中国工程院院士
中国农业科学院院长 [签名]

国家食物与营养咨询委员会名誉主任
中国农业科学院农业经济与政策顾问团团长 万宝瑞

2019 年 5 月 7 日

2019

一、领导批示的政策建议

农村一二三产业融合发展的历史沿革及其战略地位

万宝瑞

党的十九大报告提出，要实施乡村振兴战略，促进农村一二三产业融合发展。2019 年中央 1 号文件强调，健全农村一二三产业融合发展利益联结机制，让农民更多分享产业增值收益。促进农村一二三产业融合发展，是以习近平同志为核心的党中央针对新时期“三农”形势做出的重要决策，是推动农业增效、农村繁荣、农民增收的重要途径，是实施乡村振兴战略、加快推进农业农村现代化、促进城乡融合发展的重要举措。

一、我国农村一二三产业融合发展的历史沿革

农村一二三产业融合发展，是经济社会发展到一定阶段的必然趋势，正如马克思和恩格斯在其著作《共产党宣言》中指出：“把农业和工业结合起来，促使城乡之间的对立逐步消灭”①。列宁在 1914 年指出“资本主义彻底破坏了农业同工业的联系，但同时又以自己的高度发展为新的因素来建立这种联系，使工业同农业结合起来……”②。

在不同阶段，一二三产业融合发展的背景、程度和形式有所不同。我国农村一二三产业融合发展的历程，大致可分为三个阶段，

① 《马克思恩格斯选集（第 1 卷）》，人民出版社，1972 年。

② 《列宁选集（第 4 卷）》，人民出版社，1972 年。

即起步阶段、初级阶段、发展阶段。

（一）农工商联合经营

第二次世界大战后，随着现代科学技术广泛应用于农业，农业机械化和现代化逐步实现。农业生产专业化程度越来越高，农产品商品率也越来越高，农业对工商业依赖程度不断加深，工商资本向农业不断渗透，在这种新形势下，出现一种新的经营管理方式，即农工商联合经营。首先出现在美国和西欧一些国家，接着就是苏联和东欧一些国家。我国根据十一届三中全会决定，对农工商联合经营开展试点，十一届四中全会正式明确“要积极试办农工商联合企业”。1981 年，44%国营农场和 20 个省份人民公社开展试点工作。随后，在总结经验基础上全国铺开推广。应该说，农工商联合经营是现在农村一二三产业融合发展的起步阶段。

（二）农业产业化经营

20 世纪 50 年代，我国将本属于农业内部的一二三产业分割为城乡两块：把农业生产环节放到农村，把加工和流通环节放到城市，形成城乡二元格局。十一届三中全会以后，随着家庭联产承包责任制的推行和乡镇企业的崛起，农村加工业迅速发展，农村二三产业走了一条与城市趋同的路子，“以工补农建农带农”与第一产业相结合。20 世纪 90 年代，形成了农业产业化发展，即产加销、农工贸一体化发展，形成了一二三产业初级融合。1996 年2 月，由国家体改委和农业部在黑龙江省召开了全国第一次农业产业化经营会议，有 22 个省份参加。可以说，农业产业化经营是农村一二三产业融合发展的初级阶段。

（三）农村一二三产业融合发展

进入 21 世纪以来，随着农业产业化龙头企业的发展，信息技术广泛应用和社会经济服务深入推进，不断延生新产业、新业态，产业融合现象渐成趋势。特别是近年来，农村产业新动能转换加快，农村新产业、新业态、新模式快速成长，农业与信息、旅游、文化、教育、康养、餐饮等融合越来越明显，农业链条延长，与农产品加工互动，促进农村一二三产业融合发展，进入了农村一二三产业融合发展阶段。

二、新时期农村一二三产业融合发展的特点

（一）市场形态发生显著变化

互联网把我国农村多而散的农户生产集聚起来形成规模效应，产品销售的市场形态形成了线上线下市场并存的格局。网络零售不仅改变了农产品的销售方式，还为农村一二三产业融合发展带来更多可能性。“互联网＋农业”通过与加工业联动带动产业链上下游，农业产业发展形成了从农田到餐桌的全产业链模式。

（二）信息技术成为融合发展新动力

随着信息技术快速发展，信息技术与传统的生产、加工、流通、管理、服务和消费等环节融合，极大提升了技术装备水平，完善了农村互联网基础设施和物流体系，延长了农业产业链，催生了大量新产业、新业态，培育了经济新增长点，开发了农业新功能，有力推动了农村一二三产业融合发展。

（三）一二三产业融合发展模式多样化

随着一二三产业纵向渗透融合，农村三产融合发展模式趋于多样化。第一类是二元产业融合，包括：一二产业融合，主要是利用工业工程技术、装备、设施等改造传统农业，采用机械化、自动化、智能化方式发展高效农业；一三产业融合，主要是在发展服务业的同时利用农业景观和农业生产活动开发观光农业；二三产业融合，主要是通过创意、加工、制作等手段，把农村文化资源转换为

各种形式的产品。第二类是三元产业融合，主要是以第一产业为基础向二三产业延伸。如探索“合作社＋公司＋农户”的发展模式，走生产、加工、经营三位一体的可持续发展路子。龙头企业与合作社成立公司，组织农户参与，共同建设集农业新技术应用、农业新成果推广、农耕文化展示、休闲娱乐等于一体的生态农业旅游产业。

（四）利益联结机制和分配方式发生变化

通过延长产业链、提升价值链、完善利益链，把一二三产业紧密融合在一起，形成风险共担、利益共享的共同体。农民不仅从农业生产经营中获得收益，还借力第二产业科技支持获得增值效益，通过股份合作等形式分享二三产业的增值收益。

（五）开放发展趋势更加明显

“一带一路”农业国际合作日趋深入以及自由贸易试验区的设立，不仅有利于我国充分利用国际国内两个市场、两种资源保障农产品供应，而且促进了农业的国际分工与合作。农业产业链在更大范围内布局与重塑，使农村一二三产业优势互补、增强合力，从而提高劳动生产率，降低生产成本，提高产品质量，提升价值链，增强我国农业竞争力。

三、农村一二三产业融合发展对乡村振兴的作用

农村一二三产业融合，对于实施乡村振兴战略，加快农业农村现代化具有十分重要的作用。

（一）是促进产业兴旺的主要内容

通过农村一二三产业互相融合和渗透，促进产业发展方式转变，实现资源、要素、技术和市场需求在农村整合重组，调整农村产业布局，从而振兴乡村产业，促进产业兴旺。

（二）是解决农村空心化、老龄化的重要举措

随着工业化、城镇化迅速发展，大量劳动力进城务工，农村出现空心化、老龄化，部分农村逐渐凋敝。通过一二三产业融合发展，将产业链布局在农村，使产业和利益留在农村，实际上就是把一二三产业的能人、精明强干的劳动力留在农村，增强农村活力，振兴乡村产业，繁荣乡村经济，使农民不仅从第一产业增值增加收入，而且还能参与分享二三产业效益。据 2015 年农业部调查数据：省级以上龙头企业培训农民平均投入近 60 万元；平均向每户农民返还或分配利润达 361 元；60 家国家重点龙头企业帮助 2.2 万户农民获得贷款 61 亿元，在龙头企业带动下农民收入显著增加。

（三）是增加农民收入的主要渠道

通过一二三产业融合发展，能够催生新产业、新业态、培养新的增长点，从而解决农村剩余劳动力就业问题，提高农民收入。通过一二三产业融合发展，农业生产、加工、销售形成更加紧密产业链，切断了中间环节，缩短了运输时间，提高了农产品销售价格，从而降低了生产成本，减少损耗，增加效益。如金沙河面业集团与专业合作社联盟，合作社向厂商以批发价采购化肥和农药，节约成本 50 元/亩①；过去把小麦直接卖给粮贩子，现在直接卖给加工企业，每斤②粮食多卖 2～3 分。而企业获得了优质的小麦加工原料和稳定的劳动力，保障了原料和产品质量，获得更大的市场空间和效益。

（四）是缩小城乡差距的重要途径

通过发挥农业多功能性，农村多重价值、农民多重身份的优

① 亩为非法定计量单位，1 亩≈667 平方米。

② 斤为非法定计量单位，1 斤＝500 克。

势，发展新产业、新业态，开辟农业就业新途径，农民可从多渠道增加收入。同时，充分利用二三产业优势，让农业真正“跳出农业”“超越农业”，促进城乡融合发展，使农村经济、文化、社会生产发生重大变化，缩小城乡差距。

（五）是实现农业农村现代化建设的主要抓手

农村三产融合发展是推进农业农村现代化建设的主要抓手。当前制约推进农业农村现代化建设的突出问题，就是缺乏资金、人才、技术和装备。通过实行一二三产业融合发展，能够促进城乡生产要素相互流动，将企业的资金、信息、人才、技术和管理等要素与农业资源在农村优化整合重组，运用机械化、自动化和智能化的管理方式发展高效农业，使信息技术与传统生产、加工、流通、服务和消费各环节融合，提高劳动生产率，降低生产成本。

我国主要牧区草原承载力问题依然严峻

李 平 林克剑 金 轲

由于气候变化、超载放牧和草原保护投入不足等原因，我国草原退化严重，可利用面积减少，生态功能退化。20 世纪末至 21 世纪初，我国 80%的天然草原出现了不同程度的退化，严重威胁着我国的生态安全，引起了党中央的高度重视。

2010 年国务院第 128 次常务会议决定，从 2011 年起在内蒙古、新疆（含兵团）、西藏、青海、四川、甘肃、宁夏和云南 8 个主要草原牧区省（自治区），全面建立草原生态保护补助奖励机制。党的十九大报告明确指出，必须树立和践行绿水青山就是金山银山的理念，统筹山水林田湖草系统治理，实行最严格的生态环境保护制度，形成绿色发展方式和生活方式，坚定走生产发展、生活富裕、生态良好的文明发展道路，建设美丽中国。草原资源是极为重要的自然资源，如何通过科学有效的生态补偿机制，巩固现阶段草原生态保护的成果，打造山水林田湖草生命共同体，实现草原牧区生态、经济和社会的可持续发展，是当前我国实施草原生态保护补助奖励政策（以下简称补奖政策）的主要目标。

一、草原生态保护遭遇减畜难题

草原生态补奖政策的目标是通过全面推行阶段性禁牧、休牧、轮牧和草畜平衡制度，遏制草原生态整体恶化的趋势，实现草原生态恢复，简言之就是通过降低载畜率来保护和修复草原。中国农业科学院草原研究所科技创新团队在内蒙古草原牧区对补奖政策的实施效果进行了持续跟踪调研，遍访五种草原类型区，获取牧户问卷3 000余份。通过一手数据和实地调查资料分析显示，牧户减畜困难的问题依然没有得到有效解决，草原承载压力持续增大。以东乌珠穆沁旗为例，在2010年、2015—2018年五年对该旗的平均载畜率进行随机抽样调查，与实施补奖政策之前2010年0.92羊单位/公顷相比，第一轮补奖政策结束时的2015年，该旗（县）平均载畜率为1.03羊单位/公顷。2018年，平均载畜率上升到1.23个羊单位/公顷，比补奖政策前提高了33.7%，比第一轮政策结束时提高了19.4%。

当前，草原减畜难已成为学界共识，其主要原因有以下两个。

一是牧民收入高度依赖畜牧业生产。调查显示，典型牧区兼业户较少，牧民家庭收入70%以上来自畜牧业，牧民增收主要靠扩大牲畜养殖规模。90%以上的牧户认为在未来5～10年不会放弃放牧，牧户普遍认为自己不具备外出打工或者从事其他行业工作的能力，只能放牧或者从事放牧相关工作，如当羊倌、帮别人打草等。

二是畜牧业生产周期与草原生产波动不匹配。家畜生产周期相对稳定，一般2岁的母羊才可以繁殖羔羊，因此，需要在畜群结构中保留一定的基础母羊和后备母羊来维持畜群规模。天然草原牧草供给能力年度间波动很大，雨水好的年份牧草产量能达到不好年份的1.5倍以上。牧民为了确保“万一出现雨水好的年景时能够有足够的羔子”，往往长年保持稳定的超出草原平均承载力的畜群规模。雨水好的年份出现的概率不足三成，更多时候草原地区是“十年九旱”。遇到干旱，草原无法养活如此大规模的畜群，需要出栏时，却因为家畜膘情不好、体重不足，导致销售困难。同时，牧区家畜收购市场仅季节性开放，错过收购季节只能再养一年后出售，严重制约了牧民根据草原状况随时调整畜群规模。

二、破解草原减畜难的政策建议

针对目前草原生态补奖政策减畜困难的问题，建议多措并举稳固补奖政策效果，提高补奖政策效应。

（一）探索草原“三权分置”制度

土地制度是阻碍牧区草牧业发展的主要内在因素。调查结果表明，草原牧区家庭牧场经营使用的草原面积过小是导致超载过牧的主要原因。以荒漠草原为例，使用草原面积小于0.9万亩的牧户比0.9万～2.0万亩的牧户载畜率高出49.42%，比使用面积大于2.0万亩的牧户高出107.63%。通过草场流转实现规模化经营是降低载畜率、提高草原畜牧业生产效率、实现生产转型的可行途径。

当前草原流转存在的主要问题是地租过高增加了经营者的生产成本；流转草场的责任主体缺失，草原承包者领取补奖资金和草场租金两份收益而未执行任何经营管理义务，草原的实际经营者因支付了地租而“理直气壮”地在租赁的草场上过度放牧，导致租赁的草场成为超载退化的重灾区。

建议在牧区探索完善草场所有权、承包权和经营权“三权分置”制度，鼓励有承包权而不实际经营草原畜牧业的人员有偿退出，强化经营权的责权一致，提高经营者保护草原的积极性。

（二）直接补贴调整为产业扶持

调研表明，牧户户均补贴收入不足2.0万元，牧户多数把补奖资金用来补贴家庭零用或者购买饲草料，直接补贴仅用于改善牧民生活水平和增强家畜越冬能力，还不足以满足牧户改变生产方式的需要。由于牧区家畜仅在冬季补饲，增加的饲草料间接增大了草原春、夏、秋三季的载畜压力。从根本上降低草原载畜压力，必须打破牧民收入对畜群规模的依赖。

建议以旗（县）或者苏木（镇）为单位，统筹使用直接补贴资金。一是用于改良品种、改进饲养方式，实现少养精养；二是用于加强草原畜牧业配套设施、设备建设，扶持草牧业及相关产业发展；三是用于延长草牧业产业链，拓宽牧民就业和收入渠道，通过畜牧业产业结构调整提升草原畜牧业生产效率，降低草原承载压力。

（三）生态补奖调整为生态服务付费

在牧户层面减畜困难的主要原因是保护草原获得的生态效益与家庭经济收益不统一。牧户大多是逐利的小生产者，如果能够从生产“优质草原”中获取的收入高于生产家畜收入，自然会主动去保护和建设草原。当前的补奖政策中对草原生态改善情况考核与补奖资金脱节，牧民保护、建设草原并不能获取直接经济补偿，降低了其保护草原的积极性。

习近平总书记提出，要建立反映市场供求和资源稀缺程度、体现生态价值、代际补偿的资源有偿使用制度和生态补偿制度。具体到草原上，建议尽快探索草原生态补偿机制，以草原生态服务价值而非载畜率为标准开展市场化生态补偿，让牧户保护、建设草原取得的生态效益转变为经济效益，提高牧户自主保护草原的积极性。

（四）健全牧区活畜交易市场

当前，牧区家畜交易市场仅在秋季开放且市场仅收购达到一定体重的家畜。幼崽、弱畜等的交易市场缺乏，导致牧户无法根据草原状况随时调整畜群规模，难以实现动态调整草畜平衡。

建议以旗（县）为单位建立非屠宰家畜交易市场，使得家畜需要出栏时卖得出去，需要补栏时买得进来，降低畜群规模的维持成本，推动“以草定畜”，实现草畜动态平衡。

中国乡村革命、改革与振兴的历史意义与时代价值

郭斐然

现代化是近代以来世界各国各民族压倒一切的主题。从晚清洋务运动“师夷之长技以制夷”的国防现代化，到“五四”时期“农化”还是“工化”的出路之争，从中华人民共和国成立后第一届全国人民代表大会确立的“四个现代化”目标，到党的十九大提出到21世纪中叶把我国建设成富强民主文明和谐美丽的社会主义现代化强国，中国人民经过百年来的艰险探索、不懈努力，在中国共产党的领导下，闯出了一条成功的现代化道路。而中国乡村的革命、改革与振兴，始终是贯穿这一历史进程的主线，也是我们探索实现现代化的基本经验。

一、乡村是中国现代化转向的基础与起点

现代化涉及经济、政治、文化、科技、教育、军事等多方面内涵，但最狭义的理解，也是其最本质的特征，就是实现从传统农耕社会向现代工业社会的转变。从大历史的视角看，工业革命无疑是人类文明发展的一个分水岭。跨过工业革命的门槛，人类社会才实现了有史以来经济增长零的突破，并且呈现不断加速态势。以西欧国家为例，从1000年到1750年，人均收入年增长率远远低于0.1%；到了18世纪后半叶，增长率提高到1%～1.5%；到第二次世界大战前，进一步达到3%左右。社会财富持续不断快速积累，终于使得人类社会彻底跳出了存在几千年的“马尔萨斯陷阱”：

人口按照几何级数增长，而生存资料按照算术级数增长，因此，多增加的人口总是要以某种方式被消灭掉。马克思指出，工业革命所引发的大工业，这种新的生产方式，创造的生产力比过去一切世代创造的全部生产力还要多、还要大。中国几千年农耕文明积累的领先优势之所以在一夜之间消耗殆尽，原因就在于此。

从落后农业社会向先进工业社会转变，就成为近代以来决定所有国家民族生死存亡与前途命运的“时代命题”。如何实现这一转变？更进一步，一个国家从落后农业社会向先进工业社会转变的条件是什么？一个半殖民地半封建国家从落后农业社会向先进工业社会转变的条件是什么？一个有着数千年小农经济传统的半殖民地半封建国家从落后农业社会向先进工业社会转变的条件又是什么？历史就是这样向我们提出了一个个问题。

不同的国家、不同的时代，现代化的内部条件、外部条件和动力机制等都大不相同。在中国，乡村和农业文明兴起于上万年以前，耕作制度、技术体系、组织方式和文化观念维持几千年稳定不变，殖民侵略、军阀割据、社会动乱持续近百年时间。在这样一个古老国度，如果经济上不能打破以小农生产方式为核心、小农与手工业紧密结合的牢固社会经济结构，如果政治上没有一个强有力的政党带领人民实现国家独立、民族解放、社会安定，如果文化上不能摈弃对现代科学技术、政治军事制度、先进思想文化变革等的抵制与排斥，如果没有新的经济成分、新的政治力量、新的文化潮流登上历史舞台，如果这些历史前提不能被创造出来，中国从落后的农业社会向先进的工业社会转变一定是不可能实现的。

在这诸多方面之中，生产力因素是最为基本的因素，经济问题是最为基本的问题。这是因为，经济基础决定上层建筑，一切社会因素中最活跃的因素、所有社会变革的最根本动因，都在于生产力。正如列宁所言，“只有把社会关系归结于生产关系，把生产关系归结于生产力的高度，才能有可靠的根据把社会形态的发展看作自然历史过程。”因此，探究中国通往现代化的经验，只有从中国历史上最主要最牢固的小农经济入手、从国土分布上最广袤最普遍的乡村社会入手，观察旧的经济基础如何瓦解、新的经济成分如何壮大，才能明确中国现代化最基本的历史前提是怎样被创造出来的，才能揭示"经济关系变动—生产方式变革—社会形态变迁"的历史演变逻辑。

二、土地问题是制约中国现代化启动的根本问题

工业化从来不是凭空产生的。不管是最早发轫于西欧的内源性现代化，还是亚洲、拉美等晚近的外源性现代化，贯穿始终的一个一般性规律，就是由农业社会向工业社会过渡至少要满足两个前提条件：一是农业生产率要有巨大提高从而带来巨大经济剩余，二是农业经济剩余要能够顺利转移到工业部门。中国现代化启动缓慢的原因，主要不在于第一点，而在于第二点。有学者研究指出，直至清朝末年，我国农业一直具有潜在的经济剩余，除了一部分用来保持庞大官僚机构的运行，绝大部分经济剩余被地主阶级所占有。19世纪后期乡绅阶级占全国人口大约2%，年收入总额却占到国民生产总值的24%左右。在"土地是唯一财富"的传统乡土观念影响下，地主阶级宁愿购置土地、放高利贷，也不愿意投资于有风险的工商业。因此，乡村的土地制度及分配关系，即小农经济为主的经济结构和地主阶级主要占有的土地所有制，是制约传统中国从农业社会向工业社会转变最为根本性的因素。

也正因此，从几千年封建王朝统治到近代半殖民地半封建社会，从历史上各种新政、变法到百日维新、洋务运动、立宪运动始终都没有触及这一根本性问题，孙中山领导的资产阶级革命未曾带来"农村的大变动"，蒋介石的国民政府则背叛了联俄、联共、扶助农工的三大政策和反帝反封建的纲领。只有中国共产党，通过打土豪、分田地，废除封建土地制度、广泛发动农民群众，实行工农武装割据，建立起了工农民主政权。正如毛泽东主席所说，如果我

们能够普遍地彻底地解决土地问题，我们就获得了足以战胜一切敌人的最基本条件。事实上，从 20 世纪 30 年代开始，国共两党之间的斗争，在经济基础上体现的就是两条道路、两种趋势的根本性对立：一条是以城市为中心的、代表大地主大资产阶级利益的资本主义发展道路；另一条是以农村包围城市的、代表广大工农群众利益的土地革命的发展道路。结局最终一定是后一种发展趋势对前一种发展趋势的胜利，这是中国的基本国情和历史发展的潮流所决定的。

三、乡村革命、改革与振兴构成中国现代化进程的三个阶段

中国只能走上一条适合自己的，即以落后的超大型农业国家为起点的现代化道路。其基本特征就是一以贯之的深入农村、关注农业、发动农民。如果以乡村生产力和生产关系的变化为立足点，中国现代化道路可以概括为三个历史阶段。

一是从中国共产党领导的土地革命战争开始，以颁布《中国土地法大纲》为标志，以革命的手段，实现了对旧的生产方式和旧的生产关系的根本性变革。彻底瓦解了传统地主乡绅操纵的、家族本位、自给自足的半自然经济社会和延续几千年的封建土地制度，在中国历史上第一次实现了耕者有其田、第一次实现了中央政权对乡村的有效治理，结束了长久以来封建王朝“治”“乱”循环的历史轮回。用不到世界 7%的耕地养活了占世界 22%的人口，同时建立起了独立完整的工业体系，打开了中国通往现代化道路的第一扇大门。

二是从发端于农村的改革开放开始，以建立家庭联产承包为主要形式的农业生产方式为标志，以改革的手段，成功解决了人民的温饱问题，确立了市场化改革的基本取向。粮食年产量由 3 亿多吨增加到 6 亿多吨，几亿人由此摆脱了贫困。农产品市场体系初步建

立，乡镇企业异军突起，工农业产品供给实现了由短缺向供求基本平衡的历史性转变，宏观经济结构发生了重大调整，由此开启了公有制为主体、多种所有制经济共同发展的新格局，为通往现代化创造了物质基础和制度条件。

三是从党的十八大报告提出全面建成小康社会开始，以农村承包地“三权”分置、打赢脱贫攻坚战、实施乡村振兴战略为标志，以振兴的手段，重塑新型工农城乡关系，确保到2020年消除绝对贫困。一个古老的超大规模的农业社会实现了千年未有之变革，发展成为世界第二大经济体、第一大工业国，对世界经济增长贡献率接近30%。但习近平总书记指出，没有农业现代化，没有农村繁荣富强，没有农民安居乐业，国家现代化是不完整、不全面、不牢固的。今天的中国仍有近半人口生活在乡村，即使将来城镇化达到70%以上，乡村还将有四五亿人。如何打破城乡对立分割？党的十九大明确提出要坚持农业农村优先发展，建立健全城乡融合发展体制机制和政策体系，决胜全面建成小康社会，开启了全面建设社会主义现代化国家的新征程。

四、新时代乡村振兴战略具有重要的理论意义与时代价值

现代化是近代以来人类社会压倒一切的主题。但长久以来，人们往往只看到工业化的目标和前景，却忘记了农业社会才是现实和起点。历史反复告诉我们，如果一个国家不能从根本上解决农业农村的问题，不能调动起最广大人民群众的积极性，开启现代化的历史条件是不可能具备的，这是由生产力和生产关系的本质关系所决定的。

中国现代化道路的一个成功经验，就是从国情出发，始终以中国乡村的革命、改革、振兴为主线，团结带领全国各族人民艰辛探索、接续奋斗，实现了国家独立、民族解放，成功解决了几千年来

耕者无田、靠天吃饭的生存温饱问题，为中国工业化、城镇化进程提供了产品资金支持，提供了劳动力保障，提供了潜力巨大的市场支撑，提供了改革创新的成功经验，使得中国整体上实现了从落后时代到跟上时代、引领时代的伟大跨越。可以说，没有土地革命，没有农村包围城市，就没有新中国，就没有中国社会主义制度。没有家庭联产承包，没有乡镇企业崛起，就没有改革开放历史新时期，就没有中国特色社会主义。同样的，如果没有农村承包地“三权”分置，没有精准脱贫，没有乡村振兴，也就不可能有全面建成的小康社会，不可能有富强民主文明和谐美丽的社会主义现代化强国。

一个人口超过 14 亿的大国，在现代化进程中以及实现现代化以后，工农城乡关系将呈现怎样的走向？人口资源分布将呈现怎样的格局？在人类历史上，还从来没有出现过，只能靠中国自己去探索。但无论如何，在好几亿人口仍然生活在乡村的背景下，农业生产技术的改进、经营方式的变革，土地制度、户籍制度的演进，乡土社会人文习俗、乡村治理结构的变迁，农村一二三产业融合、工农城乡关系的变化等，仍然是乡村发展的内核与要素，将直接决定中国乡村振兴的趋势与特征；仍然是现代化建设的经济基础与制度约束，并将继续深刻影响中国现代化道路的方向与途径。在这个大背景下，我们才可以更全面把握新时代乡村振兴战略的重大意义。

更进一步，作为当代人类社会现代化探索的一个重要样本，中国正在实施的乡村振兴战略，超越了西方先行国家“现代化即工业化”的狭窄定义，突破了大多数经济体“工业支配农业、城市控制乡村”的发展定式，对于广大发展中国家走出“吃饭问题”与“发展问题”不可兼得的两难困境，对于新兴经济体探索农业化、工业化、城镇化、信息化同步演进问题，对于发达国家在城市化进程中避免乡村衰退，对于进一步丰富现代化的内涵、进一步拓展现代化的途径，都具有重要的理论意义与时代价值。

当前粮食生产喜忧思

——基于豫鄂五县（市）的调研

钟　钰　普莫喆　牛坤玉　张　琳　张宁宁
秦　朗　沈祥成　田建民　陈萌山　袁龙江

2019 年中央 1 号文件再次释放明确的重农抓粮信号；全国“两会”期间，习近平总书记强调“要扛稳粮食安全这个重任”。2019 年 3 月下旬至 4 月上旬，中国农业科学院“中国粮食发展研究”课题组奔赴豫鄂两省的永城市、商水县、邓州市、枣阳市和监利县调研，五县（市）粮食播种面积总计 1 500 万亩、产量超过 600 万吨，是我国（超级）产粮大县、商品粮输出大县，是长江流域、黄淮海平原粮食主产区的代表。调研发现，2019 年粮食发展出现不少新亮点，面临的挑战也不少，重塑国家粮食安全新体系迫在眉睫。

一、2019 年粮食生产开局良好

（一）地方政府比前几年重视抓粮工作

习近平总书记在全国“两会”期间专门强调粮食安全的重要性，对粮食主产区是极大的鼓舞，主产区担当国家粮食安全的使命感、责任感和荣誉感又凸显出来。永城市领导表示“粮食生产的重任要往死里扛”；国家级贫困县商水县领导表示习总书记的要求让他坚定了一定要打好粮食优势这个名片的信念，挤出财政预算 1 600 万元免费在小麦示范区开展统防统治。

（二）优质品种和新种植模式方兴未艾

国内市场对优质粮食品种需求旺、接受快，市场反应有力推动优质种植面积逐年扩大。农民反映优质品种既好卖、价又高，小麦高 0.2 元/斤，水稻高 0.6 元/斤。商水优质小麦新品种周麦 26、周麦 27、周麦 28 达 60 万亩，占总播种面积的 48.4%。监利“虾稻共作”从 2018 年的 80 万亩增加到 2019 年 100 万亩，每亩纯收入达到 3 410 元。“中稻-再生稻-绿肥”种植 35 万亩，每亩纯收入 560 元。永城麦客多企业利用本地强筋小麦替代了 20%的进口原料。

（三）多样化的社会化服务层出不穷

新型农业经营主体不断涌现，提高生产现代化水平。永城以农业技术推广区域站建设为依托提供公益性全程技术服务，调研的演集区域站有完备的试验基地、设施设备和必要的工作经费，覆盖 3 个乡镇、12.3 万亩耕地，每年培训超过 600 人次。商水的土地托管服务经营模式实现了风险共担、利益共享，做到“你交钱、我管理”。商水发达高产种植专业合作社覆盖 5 000 多户、6 万多亩，全程服务每亩节省成本 150 元，订单加价每亩增收 120 元，合计每亩增收 270 元。从流转到托管降低种粮大户经营风险，节省小农户经营成本，实现先进种植技术与小农户对接，对稳定家庭联产承包责任制有重要意义。

（四）市场化取向改革正在基层兴起

一些粮食收储企业认识到靠吃政策饭不是长久之计，未雨绸缪、自我革命地开始市场化改革。邓州国有粮食企业认为吃政策饭、当“保管员”不适应粮食市场化发展要求。他们主动出击，将辖属的 20 个粮管所占用的 1 438 亩土地、机器设备、厂房设施等清点变现，加快优质资产整合与不良资产剥离，组建粮油投资发展有限公司，升级改造粮食仓储设备，建设粮食产后服务体系，面向农户开展代清理、代烘干、代储存、代加工、代销售的“五代”服务。

（五）粮食加工业购销两旺

当地粮食加工企业反映除了传统的东南沿海地区以外，近年来，云、贵、川等地需求强劲，客户数量不断增加，订单规模逐年上升，优质产品供不应求。作为永城最大的粮食加工企业，华冠面粉近年市场销售十分顺畅，2019 年面粉价格比 2018 年上涨 10％，销售量同比增加 10％以上，尤其对专用面粉需求特别迫切。他们只能满足老客户需求，不敢接新订单。汇丰面粉有限公司甚至要求客户先打款后发货。商水鲁王集团为满足强劲的市场需求，增加投资扩建加工厂区。监利福娃集团和恒泰农业集团坚持优质粮食产业化发展道路，打造粮食加工全产业链条。

二、当前粮食产业面临的痼疾与新患

（一）收益持续下降冲击种粮农民积极性

种粮大户感叹，“生产资料一个劲儿涨，粮食价格一个劲儿降”“市场旺、加工旺、服务旺，就是种植不旺”。永城刘新全农机专业合作社 2018 年各生产环节成本比 2014 年分别上涨了 12.5％～50％，价格却下降了 0.1 元/斤。邓州穰原合作社从 2017 年开始种粮效益不好，净利润基本维持在 30～60 元/亩。在枣阳参加座谈的种粮大户、合作社带头人刘志庆、张兵、陈大明、王昌建、吴进军、阮晓平一致反映，2017 年以来种粮都是亏本的。阮晓平流转了 3 100 亩地种小麦、水稻和青贮玉米，两年亏损 360 万元。张兵“之前在外经营生意的存款都搭进去了，如果 2019 年再赔连家都保不住了”。枣阳梁家村 58 岁的闫顺华种了 18 亩小麦和花生，计划给患病在床的儿子赚看病钱，却因旱灾等原因连本钱都没收回来，十分伤心。

我们强烈地感受到这几年农民种粮十分不易，普遍微利或亏损，尤其是种粮大户、家庭农场主焦虑茫然，不知道能否撑下去。商水县领导直言不讳地说："从讲效益的角度难以继续种粮"；永城市领导则说："这种局面再不改变主产区就被压塌了"。

（二）病害成为主产区粮食安全的重大威胁

小麦赤霉病出现明显的北移趋势，已从长江流域扩展到黄河流域，华北平原正面临着全面发生的威胁。商水县领导说："赤霉病比非洲猪瘟危害更大，但重视程度远远没有到位"。赤霉病不仅影响收成，而且对人畜有较大危害。赤霉病已对下游食品加工行业造成重大影响，像五得利、益海这样的大型知名企业也深受其害。2018 年，河南省小麦赤霉病害发生率创新高，受害面积高达 141.9 万公顷，比往年高 50%。从防治上看，国家"一喷三防"补贴经费到位晚、标准低，难以有效开展统防统治。农业部门反映，目前小麦主推品种普遍不抗赤霉病，亟须国家加大投入，组织全国科技攻关。

（三）优质粮食品种少数量缺

优质粮食品种多乱杂，影响粮食供应的质量和稳定性，与市场需求不对接。调研发现，优质品种的种植效益普遍高于普通品种的种植效益，全部做到订单收购。监利的优质稻、虾稻不愁销路，相比 1.9 元/斤的普通米，优质米平均能卖到 2.5 元/斤，甚至 1 斤 10 多元。但是枣阳农业局反映，种子经销商与加工企业利益诉求不一致，种子经销商总希望不断推出新品种，而加工企业则反映种植品种杂乱、良莠不齐影响加工品质和客源稳定性，粮食生产质量与加工企业需求的矛盾越来越突出。

（四）烘干仓储设施不足致使保质难卖粮节奏紧

随着规模种植兴起和市场化进程加快，农户烘干仓储设施缺位直接加剧集中售粮的矛盾和粮食霉变的隐患。河南省收获期由于缺乏仓储烘干设备，黄曲霉毒素普遍超标，企业只能从东北外购玉米来加工。农户收益也受到影响。在枣阳座谈时，一农户反映，小麦收获后由于没有仓储不得不以 0.4 元/斤低价卖出；而另一农户反映，在自家仓库中存放了 2 个月后以 0.8 元/斤的价格卖出。一些种粮大户反映，需要专门找一块地来烘干、存放粮食和农机，但面临用地指标审批手续难的问题。

（五）金融支农流于形式造成产业“缺血”

惠农金融服务“脱农”现象始终没有明显改观。据商水的发达高产种植合作社反映，很多支持农业的大政方针缺少具体的政策文件配套落实，“文件在桌子上转，但不见落地”。该合作社 2018 年在资金最紧张的时候，只能靠县农业农村局长用自家住房抵押贷款的 100 万元解决燃眉之急。目前，只能与中粮集团合作，按照每斤小麦 2 分钱支付利息。商水鲁王集团反映民营企业贷不到款，监利福娃集团因农业发展银行提前撤贷，导致资金困难、减产，损失 1 000 万～2 000 万元。

（六）收储制度不合理亟待改革

轮出机制与市场价格形成仍然脱节，基层粮库的陈粮比例偏高、储存时间长，成为无效库存。邓州基层粮站工作人员表示，“主产区粮库的粮食已经装到嗓子眼了”，但却因为价格高、流拍率高，基本处于不流通的状态。邓州粮食中间商安笄反映，2019 年春节到现在，河南托市粮成交率不足 0.2%；枣阳地方储备库梅主任反映，湖北的成交率几乎为 0。鲁王集团董事长还反映，河南 70%～80%的粮食进入了中储粮的粮库，而加工企业却收不到粮食。“粮食在库里，不出来”是许多加工企业的共同感受。

（七）高标准农田建设补贴标准不足

目前，国家对高标准农田建设给予每亩 1 200～1 500 元补贴，无法满足实际建设的需要。邓州农技推广服务站主任冀洪策说，“现在的补贴标准只能解决水和路的问题。”商水农业局反映，达到3 000元/亩才能基本满足建设标准和要求，达到5 000元/亩才能实现滴灌和水肥一体化。枣阳农业部门反映现在的高标准农田建设“说是高标准，实际是低标准”“虽然完成了国家规定的面积指标，但前面建，后面坏”。有些渠道硬化是“面子工程”，没有任何作用。监利的种植大户张彩艳表示，机耕路至少要3.5～5米宽，目前机耕路宽度不够，制约机械化作业。

（八）土地流转平台隐形剥夺农村土地财富

一些地方探索的“流转-整理-再流转”开发模式，存在利用土地流转平台隐形剥夺农村土地财富的问题。邓州与河南省国土资源开发投资管理中心共同成立土地开发公司，以每年600元/亩的标准从农民手中将土地经营权流转到公司。由开发公司委托专业公司全域设计，集中实施土地整理后产生3层收益：一是土地整理提升地力后，再流转有200元溢价；二是新增农田约5 900亩可供流转；三是新增1 600亩建设用地。新增建设用地实施增减挂钩交易产生的收益是省级国土资源部门控股的主要动力，省级国土资源部门有意将控股比例增加到51%。尽管该模式的探索值得肯定，但背后产生的收益，尤其是新增建设用地指标的收益归属和分配问题仍值得深入研究。这些本应该成为振兴乡村的资本财富，要谨防农民农村利益被隐形剥夺。

（九）保险公司“不保险”让粮农直接暴露在灾害威胁下

农业保险目前没有发挥出应有的兜底作用。种粮大户普遍反映，灾后的实际赔付额不高，“一亩地交五块四的保费，受灾再大，也才赔十块钱”。很多种粮大户表示保费“愿意多交点”，希望保险真正起到灾后“没亏损，少亏损”的作用。如果农业保险可以保收入，农户种粮信心和积极性会大大增强。

三、加快重塑中国粮食政策体系的思考

在推进全面小康的进程中，必须始终坚持做到粮食生产不放松，确保中国人的饭碗牢牢端在自己手中。在此次以及 2008 年的多次调研中，我们深刻感受到粮食稳定发展存在隐患，长期丰收带来的放松懈怠麻痹情绪正在滋长，支持粮食发展的政策措施急需改善加强。目前，有关政策惠及粮农力度不强、精准不够、与国际贸易规则对接不紧，粮食市场利益主体各唱各的调、各诉各的苦，经常不在一个调上，尽是“独奏曲”，无法形成“交响曲”。在新的发展阶段，中国粮食政策体系急需重新理顺各方关系，进行总体设计和系统重塑。

新时期的粮食改革方案，要以习近平新时代中国特色社会主义思想和国家粮食安全战略为指导，深化改革，坚持一个中心、做到两个补偿、构建“三位一体”生产支持体系、兼顾两个市场、突出“两藏”。即：坚持市场化改革配置资源这个中心；补偿种粮农民收益、补偿种粮地区利益；兼顾国际国内市场，依靠国际市场调剂量的不足、依靠国内解决质的提升；以高标准粮田为重点推进“藏粮于地”建设，以优质品种及其配套技术、农机转型升级为两翼推进“藏粮于技”发展，加快机制创新，实现技术到田、技术到村。

（一）进一步深化粮食市场化改革

坚定粮食市场化改革信念，下狠决心、下大力气迈出改革步伐。充分发挥市场在资源配置中的决定性作用，在国际市场压力下倒逼国内粮食生产转型和技术优化，增强国内粮食竞争力。充分理顺粮食市场各方关系，破除资源流动的体制机制障碍，促使国内市场价格机制形成，提高资源利用效率。取消超期超标储备粮顺价销售要求，随行就市加快旧粮轮出。采取补贴、信贷、保险等措施加

快稻谷和小麦改革。建立符合农业产业特征的金融支持体系，去除粮食各主体参与粮食市场化运作的资金约束。

（二）加快构建定量核算、按量补还“两个补偿”体系

要从顶层设计上统筹建立粮食专项发展补偿体系，着力开展中央政府向主产区转移、主销区向主产区转移的“两个转移”发展补偿机制。监利福娃集团负责人建议，将现在对粮食加工企业的免（减）税优惠额度作为中央对地方税收定量返还的核算依据，进一步加大中央财政对粮食主产县（市）的专项转移支付力度，增强产区财政能力和调配余地。这一建议值得重视。建立主销区与主产区对口利益补偿关系，依据粮食净流入量、生产资源消耗，对标全国人均GDP水平、农民人均可支配收入，估算主产区发展补偿规模。

（三）加快构建保障有力的补贴、保险与贷款的“三位一体”生产支持体系

建议取消稻谷、小麦最低收购价政策，全面实行粮食生产者补贴。对农业生产、烘干收储等业务给予税收减免、财政贴息、融资担保等，对有能力的粮食加工企业开展粮食收购贷款支持。结合种植作物周期调整农民还贷梯次，适度调整贷款期限、错峰还贷。对农业发展银行、农业银行、农村信用社等设定涉粮贷款业务指标。将市场风险纳入保险范围，放宽“绝收才保”的隐性限制，将赔付标准提高为种植成本保障，例如，20元/亩保费保障800元/亩的种植成本。

（四）实行绿色优质粮食发展政策

从重视产量转到更加重视质量，做到数量与质量兼顾。要按照优势农产品区域规划布局的要求，继续推进粮食优质品种专区种植。建议在全国全面开展绿色优质品种专种、专管、专收、专储、专用行动，制定相应的政策措施，变绿色为效益，通过优质来提升

粮食效益。大力开发优质、营养健康的粮油新产品，增加多元化、定制化、个性化产品，促进优质粮食产品的营养升级扩版。

（五）建立与 WTO 规则相适应的支持体系

减少最低收购价政策与粮食产量、价格之间的挂钩关联。以基期产量或者面积值作为提供补贴标准，促使“黄箱”政策“蓝色化”。以“藏粮于地”为依托，加大对农业基础设施、高标准农田建设力度和科学性，将高标准农田建设的补贴资金提高至3 000元/亩。对生产中的关键重大科学难题，开展技术攻关、技术集成、转化推广等“绿色化”专项补贴。及时向 WTO 提供主粮综合支持量数据，纠正并消除外界误解，加强未来粮食支持政策对综合支持量的影响研究，确保与 WTO 规则对接。

（六）“断崖式”改革现行粮食收储政策

逐步收缩托市储备，将政府储备回归备战备荒的战略储备本位，将财政资金转移到市场流通渠道的构建上来，鼓励市场主体参与市场购销，形成与战略储备相配合的社会储备体系。对于患“政策依赖症”的收储企业，实行保管费用总包干制（150元/3年）或者梯次降低制，保管费用逐年降低，直到第四年不再支付。托市粮拍卖采取按年份逐级折价拍卖，在市场价格较低的年份，参考中央储备粮轮换规定，按照市场价格拍卖，消除托市粮轮换的制度障碍。

落实乡村振兴战略，考核工作是关键

陈秧分　李先德　黄修杰

乡村振兴战略实行中央统筹、省负总责、市县抓落实的乡村振兴工作机制，要求加强乡村振兴战略规划实施考核监督和激励约束。2019 年中央 1 号文件明确要求制定落实五级书记抓乡村振兴责任的实施细则，严格督查考核。要求各省（自治区、直辖市）党委结合本地实际，于 2019 年出台市（县）党政领导班子和领导干部推进乡村振兴战略的实绩考核意见，并加强考核结果应用。乡村振兴考核是推动落实乡村振兴战略、助推实现乡村振兴目标的重要抓手。为此，农业农村部软科学课题组赴广东、广西、江苏进行了实地调研，在北京组织了两次专家咨询会，就乡村振兴考核层级、指标选择方法、需要注意的问题以及应对措施进行了研讨。

一、乡村振兴的考核层级与指标选择

乡村振兴覆盖面广、实施周期长、涉及层级多，乡村振兴考核工作应通盘考虑、着眼长远，突出重点、抓住关键。

1. 重点做好县（市）层级的乡村振兴考核工作　应把县（市）层级乡村振兴考核工作作为重点，集中表现在三个方面：一是县（市）在发展经济、保障民生、维护稳定、促进国家长治久安中处于中枢和主体地位，对上可以汇总形成省级、国家级的乡村振兴考核结果，对下可以将乡村振兴任务落实到乡镇政府。二是县级的行政区划较为稳定，村镇一级行政区划则时有合并调整，且村镇因区位、地形、资源禀赋等因素而表现出较大的差异性，横向可比性相对较差。三是县（市）这一级的统计数据相对全面，方便开展考核工作，更具可操作性。

2. 综合考虑乡村振兴的五个维度 不同主体对乡村振兴的认知存在较大差异。例如，有村干部建议从集体经济、宜居环境、村民自治等方面切入，有的县（市）领导则建议以农业、农村和农民作为切入点。不同主体理解的乡村振兴愿景存在较大差异，但他们所选择的评价指标均与国家乡村振兴战略紧密相联。因此，从产业兴旺、生态宜居、乡风文明、治理有效、生活富裕五个维度切入，衔接了国家乡村振兴战略，五个维度本身也较为系统全面。

3. 采取以目标导向为主的评价指标体系 过程指标可以实时监测各地乡村振兴进展，且乡村振兴成效与各地区可利用的人力、财力和其他资源紧密相关，对于经济欠发达县、农业县、生态县相对公平。目标导向则更利于调动地方的积极性与灵活性，更有利于检验实际成效。指标考核关键还是要看效果，看乡村振兴目标的实现程度。因此，乡村振兴考核宜兼顾过程指标与目标指标，并实行以目标导向为主的评价指标体系。

4. 评价指标应尽量简明扼要 乡村振兴评价指标越简单越好，宜根据乡村振兴的五个维度尽量简化。指标构成以乡村振兴实绩为主，兼顾乡村振兴工作指标，在保障全面性的基础上，指标力求简便、实用、独立，少而精、可量化，方便操作执行。比如，国家精准脱贫评估，仅选用了贫困人口错退率、贫困人口漏评率与贫困发生率这3个指标，简单明了，重点突出。

二、乡村振兴考核工作需要处理好五大关系

乡村振兴考核工作纷繁复杂，牵涉主体多，涉及领域广，影响范围大，持续时间长，需要把准乡村振兴考核的根本目的，处理好以下五大关系。

1. 乡村振兴考核指挥棒与尊重地方差异性的关系 乡村振兴

考核可查清各地乡村发展短板，为新时期“三农”工作指明方向，同时，也需要注意到地方干部最为熟悉当地情况，注意到我国地域广阔，各地乡村发展基础、面临问题、适宜路径、任务目标等方面都存在较大的差异。如果“一刀切”地制订乡村振兴评价指标，很容易造成基层干部为了完成考核指标造假和蒙骗。推进乡村振兴工作，需要因地制宜突出地方特色，发挥地方创造性。

2. 基层干部考核与农民群众积极性的关系 农民是乡村振兴主要参与主体，也是乡村振兴主要受益者。如果农民、村集体不参与，只是县、乡政府推动，乡村振兴效果肯定不理想。有些乡村适宜搬迁撤并，甚至自然消亡，在该类行政村直接推进乡村振兴的群众基础与立地条件均不成熟。需要协调好基层干部考核与农民积极性的关系，既要避免因为“一个不落下”等严格要求而导致“干部在干、群众在看”的越俎代庖现象，还要避免“撒胡椒面”“检查走了又变回原样”的情况。

3. 过程考核与目标考核的关系 乡村振兴考核需要同时关注乡村振兴实施过程与乡村振兴目标的实现情况。既要监测乡村振兴领导小组、乡村振兴战略规划编制等核心工作的实施进展，也要避免设置“清理了多少吨生活垃圾”“动员了多少人员力量”等过程性、运动化的表面指标。既要统筹谋划乡村振兴愿景，也要避免将现状工作乃至预期性收益作为乡村振兴成效。

4. 统计测评结果与实际振兴效果关系 乡村振兴依赖于科学的数据统计。在现有统计制度下，有关乡村生态、文化、组织等方面的统计数据难以公开获取。有些指标，例如，乡风文明、治理有效，主观性较强，难以用简单的统计指标进行测度。即便有相关指标，也可能难以反映真实情况，如村规民约制定率很适合于描述治理有效，但如果真作为考核指标，地方政府很容易做到100%的村规民约制定率，关键是怎么去真正制订、落实村规民约。

5. 乡村振兴考核与其他工作考核的关系 目前，针对地方政府的涉农相关评价考核较多，包括经济发展、农产品质量安全、耕地保护、扶贫、党建、生态环境、社会稳定等多个领域，地方政府应对评价考核花费的时间多，工作压力大。需要切实理顺相关评价考核工作，真正激活干部群众积极性。

三、推进乡村振兴考核工作的政策建议

乡村振兴战略实行中央统筹、省负总责、市县乡抓落实的工作机制，要求制定落实五级书记抓乡村振兴责任的实施细则，严格督查考核，并加强考核结果应用。建议尽快完善顶层设计，建立健全配套环境，以便更好地推进落实乡村振兴考核工作。

1. 建立健全必选与自选相结合的评价指标体系 建议将评价指标体系分为必选指标与自选指标两大类。其中，必选指标体现方向引领与底线把控，指标设置紧密对接“产业兴旺、生态宜居、乡风文明、治理有效、生活富裕”要求，突出国家粮食安全、农民增收、农业绿色发展、三产融合发展等重点领域，以及主体培育、创新驱动、支持保护等关键环节，并尽量考虑各地的区域差异，体现最大公约数。自选指标取决于各地实际情况，赋予地方政府因地制宜增加区域性指标选项、个别调整全国性评价指标选项、合理确定各项指标权重的权力，自选指标由地方政府自行设定，经审批后执行。

2. 建立健全乡村振兴统计监测体系 建议以机构改革为契机，以农业农村和统计部门为主导，联合相关职能部门，将乡村振兴统计监测列为农业农村统计工作的重点任务，建立健全包括投入、产业、就业、文化、生态、环境、治理等多层次多领域的村级统计监测指标体系，科学、准确、及时地收集乡村振兴统计数据。在统计监测方式上，由当前分散的各部门单独监测、评比，改为各自提供行业绩效目标，由上级政府汇总后一次性对下进行综合性监测考核，从中提取乡村振兴评价结果，适时取消与乡村振兴考核交叉重复的监测考核任务。

3. 建立健全乡村振兴评价督察考察制度 乡村振兴效果如何，农民群众最有发言权。乡村振兴考核需要老百姓的有效参与，在村镇尺度上，需要将群众满意度、群众幸福指数作为衡量乡村振兴成效最为重要的参考指标。在督察考察方面，可以选取第三方评估方式，也可以选取自评估再第三方随机抽样核实的方式，前者评估成本较高但考核结果最为真实，后者评估成本较低且便于大范围推广。

4. 建立健全乡村振兴考核结果转化制度 建议将乡村振兴与地方干部群众的积极性相挂钩，资金、政策等优先投入到群众意愿和参与度较高的乡村地区。乡村振兴目标避免设置100％完成之类的指标，破除部分群众“等、靠、要”思想，调动地方干部群众的积极性。此外，需要明确不同层级政府的乡村振兴责任，推动落实基层干部容错纠错机制，并将乡村振兴考核结果与干部晋升、荣誉奖励等外在激励相挂钩，鼓励基层干部真正致力于乡村振兴工作。

粮食“不愁吃”的保障机制存在明显短板

——基于云贵两省六县（市）的调研

普莫喆　牛坤玉　刘明月　张宁宁
秦　朗　钟　钰　袁龙江　陈萌山

为深入了解贫困地区粮食发展问题，特别是其粮食“不愁吃”的保障问题，2019 年 7 月下旬中国农业科学院中国粮食发展研究课题组到云贵两省六县（市）调研。云贵两省粮食发展呈现不少亮点，但粮食产不足需问题日益突出，正加速由产销平衡区向销区滑落，粮食安全保障的潜在风险日益积累，补齐产销平衡区粮食生产短板、建立粮食“不愁吃”的保障机制刻不容缓。

一、粮食发展为打赢脱贫攻坚战、全面建成小康社会奠定了基础，但综合生产能力提升缓慢

1. 粮食总量稳定增长　2004—2018 年，贵州 2011 年因大面积旱灾导致粮食产量下降到 876.9 万吨，其他年份都在 1 000 万～1 200万吨。同期，云南从 1 509.5 万吨增加至 1 860.5 万吨，增产贡献主要来自玉米。种植技术进步是确保稳产的关键，基层生产实践积累了许多高产稳产的有效措施。宣威市落水镇玉米高产示范区，镇党委书记总结：优质品种、机耕机播、黑膜覆盖、间作套种马铃薯和豆类、深耕松土及绿肥种植是保障玉米高产的六大举措。

2. 特色粮食亮点突出　两省利用立体气候的优势，大力推进马铃薯主食产业化，推动特色粮食产业发展。2018 年，贵州安排

专项资金用于马铃薯主食化品种研发及商品薯基地建设。普定县化处镇探索“青贮玉米+马铃薯”“两季青贮玉米+错季套种马铃薯”模式；水城县积极推广特色红米1 000亩。宣威推进马铃薯三季串换和玉米-马铃薯间套作技术、烟薯套种技术；富源探索“玉米+魔芋”轮作模式，将结构调整、粮食安全和农民增收有机统筹起来。

3. 食物供给进一步丰富 两省通过推广高原特色农产品，丰富了食物供给结构。织金县针对25°以上的坡耕地提出推广皂角50万亩、蔬菜23万亩、竹荪10万亩、其他10万亩的“5211”发展思路。水城县通过“资源变资产，资金变股金，村民变股民”三变模式发展茶树菇特色产业。宣威市打造花椒、水果、辣椒、中药材产业带，推进海岱刺梨、龙场苹果、凤凰葡萄等特色经济作物种植。

云贵两省既在粮食产业发展上有可喜之处，又在粮食综合生产能力上存在明显短板，突出表现为“两低两弱”。

一是规模化生产水平低。土地细碎化程度高，规模化程度低，生产成本高。在织金县种植面积达到20亩以上就算种植大户，全县1 000多个种植大户中仅有100户纯种粮。宣威市粮食生产基本是单家独户，耕地流转率仅10%。由于没有适度规模经营，粮食生产成本和管理成本偏高。普定县化处镇水井村的董书记说稻谷每亩收入1 000元，算上5个工成本高达1 090元，种粮“没什么来头”，是“养儿不计饭食钱”。宣威市落水镇杨晓华种玉米扣除成本后每亩仅剩250元，自己的工贱卖给自己。

二是机械化作业水平低。2018年，织金、宣威和宜良的粮食机械化率分别为15%、30%和52%，远低于全国粮食机械化率80%的平均水平。机械作业主要集中在耕地环节，播和收还主要依靠人力、畜力。普定县化处镇水井村村民王顺斌表示只在整地环节使用了微耕机。云南省农业科学院肖植文研究员指出，云贵高原山区提高农业机械化率的短板是机耕道，而机耕道建设属于交通、农业、地方“三不管”的真空地带。

三是抗自然灾害能力弱。有效灌溉率贵州为24.7%、云南为29.8%，远低于50.3%的全国平均水平，位列全国倒数第一和倒数第五。云南亩产500千克以下的低产田4 797.9万亩，占耕地面积近一半，且大多种粮食作物，自然灾害影响大。富源的农田基础设施建设补贴仅为1 300元/亩，要真正实现土地平整、机械耕作、旱涝保收至少要4 000～5 000元/亩。云南近年来草地贪夜蛾、黏虫、蚜虫、螟虫轮番来袭，虫害形势严峻。此外，当地仓储和烘干设备缺乏，玉米霉变问题突出。宜良饲料产业园区企业因本地玉米黄曲霉毒素超标50%以上，只能从黑龙江、内蒙古等地调运加工。

四是基层农业技术服务能力弱。织金农业局表示，乡镇农技推广人员大部分被抽调从事党政中心工作。普定农业局也反映，一般乡镇农技站13～15个编制，只有2～3个人在做农业的事。宣威宝山镇农业综合服务中心主任陈兴片认为，农技服务力量与分散小户的经营需求不成比例，乡镇农技站补充聘用人员主要是非农专业的大中专生和退伍军人，素质参差不齐，农技专业的则存在知识老化、培训不足等问题。

二、两省不可逆转地从产销平衡区滑向销区，粮食保障机制亟待强化

1. 粮食产需缺口逐年增加 云贵粮食需求量随着人口增长、养殖业发展和城镇化率提高而增加，六县（市）不论是粮食生产大县还是生产小县，自给程度均不同程度下降。普定口粮消费缺口达46%。织金金星粮食购销公司总经理张进介绍，织金20世纪50年代还有商品粮输出，60年代转为输入，10多年前粮食自给率仍有80%，现在仅为58%。水城县本地水稻产量仅1万吨。宣威市粮食局刘桂华局长反映宣威其实也是缺粮大市，全市粮食总产大致仅够生猪饲料用量，口粮95%以上需外调。宜良过去有“滇中粮仓”

的美誉，但如今农民种粮的很少。

2. 粮食调入数量居高不下 由于粮食产不足需，云贵粮食调入数量不断增加，对外依赖程度越来越高。普定县小青山农贸市场中合汇商埠老板也表示目前本地“老百姓米袋子、饭碗里装的全都是东北米、河南面”。织金粮食综合产业园负责人介绍，当地70%以上的粮食需要靠市场调节。织金金星粮食购销公司总经理张进也估计，织金县每年需要从省外购入粮食30万吨。宣威市粮食局工作人员表示，当地消费的大米和面粉99%依靠黑龙江、吉林、安徽、湖北等省调入。富源县每年有70%的大米需要从县外和省外购进，购入6万吨。宜良县除了极少部分优质大米以外，口粮甚至饲料粮也以外省购入为主。

3. 长距离大规模的流通机制不畅 两省粮食的大规模调入依靠市场自发形成的小规模分散流通机制，普定县当地没有规模性的粮食经销商，基本由个体户进货零星销售。合汇商埠老板反映夏季从东北运粮一般需1周，冬季运力紧张则需要2～3个月，不得不从11月就开始囤粮。织金金星粮食购销公司总经理张进回忆，2008年冰冻灾害老百姓恐慌抢粮，他们依靠警车开路、一路撒盐从平坝区调粮，时间和运费是平时的5～6倍。另外，缺乏规范标准的仓储设施。普定县小青山农贸市场的经销商反映，由于没有合适的仓库，为了避免夏季存粮长虫，他们半个月调一次粮，随进随卖。国有仓储设施也严重老化，织金县地方国有企业近1/3的仓库需大修或待报废。普定县部分国有仓库仍靠木梯、绳索上下。宣威市大部分储粮设施还是20世纪五六十年代的“苏式仓、马步梁”。

以上情况表明，云贵正在从粮食产销平衡区退化为销区，退化趋势正在加快、退化程度不断加深。造成这一演化势头的原因是多方面的，除了粮食综合生产能力普遍不高制约产量增长以外，还与两省加大生态建设、退耕还林还草有一定关系，云贵生态环境脆弱、土壤侵蚀严重，是全国退耕还林工程的重点区域，大面积生态修复在一定程度上缩减了两省种粮面积。但是，对粮食安全认识有偏差，结构调整与脱贫攻坚没有有机对接，也是形成这一局面的原因之一。

在粮食安全认识上，基层干部和农民群众的种粮积极性普遍下降，粮食生产投入不足。普定粮食购销有限公司领导感叹：“计划经济才重视粮食，市场经济后不重视粮食，扶贫攻坚后更不重视粮食”。宣威农业局负责人反映，2017 年开始用于粮食高产创建扶持资金在减少，现在已无与技术相关的扶持资金。普定县化处镇水井村村民王顺斌介绍，村民们都认为“种粮没什么来头”，和他一样 40 多岁的人几乎都外出务工了，各家的地不合适种经济作物的才种水稻。全国最美农技员、宣威市宝山镇农业综合服务中心主任陈兴片反映，相当部分瘠薄荒凉边远地块被遗弃撂荒，甚至好田好地也被撂荒。他了解到一位农技人员下乡动员村干部耕种自家撂荒土地，村干部振振有词：“地我不种，如果要种，我出两百块钱倒贴给你种。”

同时，一些地区在脱贫攻坚、产业振兴中片面强调粮食种植效益偏低，使得结构调整中粮食面积大幅度调减。民间盛传“吃玉米代表贫穷”“要致富，铲掉玉米是出路”，粮食生产与脱贫攻坚在无形中被对立起来。一位种业公司负责人感叹：“现在所有人怕粮食、恨粮食”。根据种业公司分析，云南玉米面积近两年来下降 10%左右，贵州可能减少 50%。有的地方号召调减玉米，改种经济作物，但首先被调减的都是灌溉条件好、坡度平缓的坝区稻田。普定县化处镇号召发展韭黄产业，水井村农民抱怨：“现在盲目跟风改种韭黄，因稻田地势较低，韭黄都被淹了”。

三、双向发力，加大主产区支持、强化销区责任，巩固国家粮食安全保障体系建设

云贵粮食生产情况和供求关系变化反映的问题带有普遍性。根据估算，2003 年 11 个产销平衡省份平均自给率为 97%，到 2018

年除新疆和宁夏继续保持高水平自给外，剩下的 9 个省份平均已下降到 58.5%，下降 38.5 个百分点。

粮食产销平衡区向销区滑落有客观原因，也有对粮食安全保障认识不足的因素。长此下去，不仅会导致产销平衡区粮食综合生产能力不断下降、区域供需平衡能力进一步削弱，而且造成粮食产业风险高度累积，给粮食“不愁吃”的长效保障机制带来重大隐患。

1. 加重中央政府保障粮食安全的压力 产销平衡区供需矛盾加剧，不断增加粮食调入量，加剧地方对中央的依赖，进一步收窄中央调控空间，压缩中央调控手段。加重主产区粮食增产的压力。平衡区将粮食视为“低效作物”进一步调减，将更多发展机会留给自己，将生产压力、发展成本转嫁给主产区。加重粮食跨区域流通的压力。大规模粮食调运使粮食流通压力骤增，在政府流通调控机制不完善的情况下，小规模分散的流通体系、传统落后的仓储设施放大了流通风险。在水城县米箩镇的盐井山上，一位正在猕猴桃园打工的农民告诉我们，他家五亩粮田被流转种果树，一日三餐的口粮靠集市购买，从家里到集市翻山越岭要走 3 个小时。现在米箩镇不产米了，集市上的大米都来自 6 000 千米以外的黑龙江。这里的农民千里运粮、百里买粮，这其中可能出现的不利气候、突发灾害是难以预料的，手中的饭碗不知将面临多大的风险。想到此，调研中的我们心中一惊、不寒而栗。

2020 年是脱贫攻坚的收官之年，也是全面建成小康社会的决胜之年。从现在看，现行标准下农村贫困人口“两不愁三保障”，特别是粮食“不愁吃”的目标可望如期实现。但是“不愁吃”的保障机制还存在明显短板，农业尤其是粮食存在的问题仍然是全面建成小康社会的短板和弱项。要进一步贯彻习近平总书记扛稳粮食安全重任的指示精神，从组织领导和政策措施两头推动，从粮食主产区到销区双向发力，加强粮食安全保障体系建设，夯实国家粮食安全战略根基。

2. 把粮食区域保障上升为国家粮食安全战略 建议把粮食区域保障要求上升到国家战略上来，分区研究加强粮食生产能力建设，明确各自在粮食安全保障方面的责权利，强化粮食安全省长责任制考核。主产区要多产粮、多贡献商品粮，为国家粮食安全挑重担。销区要确保一定的粮食自给水平，以2006—2008年自给率为基数，设定自给率考核标准。平衡区要立足实现农村人口或城乡居民口粮完全自给，饲料用粮、工业用粮依靠市场调剂。

3. 提升销区和平衡区粮食流通保障能力 建立起产区与销区、平衡区之间高效的运输仓储系统。多渠道开发仓储设施，为经销商提供租赁服务，建立共享式仓储。依据主销区的交通条件、服务辐射半径等，构建不同级别的粮食分销网点。针对粮食行业改革遗留的老人、老粮、老账问题，由地方政府一次性兜底，加快地方国有粮食购销企业市场化改革与资产重组，以便轻装上阵发挥其对区域粮食平衡的调控能力。

4. 进一步加大对粮食主产区支持力度 统筹建立粮食专项发展补偿体系，着力开展中央政府向主产区一般性财政转移支付、主销区向主产区的收入补偿性转移支付。依据粮食净流入量、粮食生产资源消耗，对标全国人均GDP水平、农民人均可支配收入，估算“两个转移”规模。出台财政专项支持粮田机耕道建设、粮食作物统防统治。要求主销区和产销平衡区对于自身的粮食主产区要增加“藏粮于地”“藏粮于技”的投入。

5. 统筹粮食生产与脱贫攻坚的协同关系 建立起脱贫攻坚与粮食生产的辩证统一关系。通过农田基本建设、统防统治、社会化服务降低粮食种植成本，推广优质品种、绿色高效种植模式提高粮食生产收益。做大做强薯类、青贮玉米等特色粮食作物，实行区域内粮食品种统一化、专用化和优质化。发展以地方优质特色品种为主的绿色生态粮食产业，以优质优价拓展农民增收和产业兴旺渠道。

6. 全面深化改革粮食政策 粮食政策体系亟须深化改革，理顺关系，重构体制机制和政策体系，建议尽快组织研究系统性粮食安全保障方案。破除资源流动的体制机制障碍，以市场确定资源流动方向，倒逼国内粮食生产转型和技术优化，增强国内粮食竞争力。以更为市场化的补贴、信贷、保险等措施，将政策保护退居幕后，真正发挥政府调控和引导作用。

农村厕所革命步入快车道，问题与挑战不容忽视

张永江　周新群　吴限忠

当前，我们正处于全面建设小康社会的攻坚期。“小康不小康，关键看老乡”“小康不小康，厕所算一桩”。2015 年 7 月 16 日，习近平总书记在吉林省延边州调研时指出，随着农业现代化步伐加快，新农村建设也要不断推进，要来场厕所革命，让农村群众用上卫生的厕所。课题组通过调研认为，当前农村厕所革命适应了农民对美好生活的新期盼，促进了农民生活质量的提升，但仍然面临许多问题和挑战，有序开展任重道远。

一、农村厕所革命取得了可喜进展

推进农村厕所革命是对广大乡村传统观念、生活方式和环境保护的一场深刻革命。目前，我国的农村厕所革命正以前所未有的速度、前所未有的规模和前所未有的力度展开，推动了越来越多的农户改善如厕条件、提高生活质量。调研发现，近几年来，农村厕所革命因解决了影响农民生活最突出的问题受到普遍拥护，因采取了多项措施支持农民改善生活条件而受到广泛赞誉，因统筹了各方力量促进农民生活由温饱向小康转变而让农民满意，也因群众对美好生活的获得感不断增强而得到亿万农民的支持，逐渐形成了政策支持、技术支撑、机制配套、资金保障的良好格局。

一是陆续出台了一套政策体系。围绕改善农民的生活环境，2017 年 11 月，习近平总书记主持召开十九届中央全面深化改革领

导小组第一次会议，审议通过《农村人居环境整治三年行动方案》；2018 年 2 月，中共中央办公厅、国务院办公厅予以印发，推进厕所革命是行动方案的主要任务之一；2019 年 3 月，中央农村工作领导小组办公室、农业农村部、国家卫生健康委员会等 8 部门联合印发《关于推进农村“厕所革命”专项行动的指导意见》，细化了到 2020 年分三类地区的改厕具体目标。同时，各地也相应出台了系列农村改厕措施。我国农村厕所革命从顶层设计到具体操作的政策体系得到逐步建立。

二是逐步提炼了一批改厕技术。2018 年，全国爱国卫生运动委员会办公室发布了《农村户厕建设规范》，浙江省发布首个《农村公厕建设改造和管理服务规范》（DB33/T 1151—2018）。2019 年 7 月，国家卫生健康委员会、农业农村部组织制定了《农村户厕建设技术要求（试行）》。通过各方努力，农村改厕逐步聚焦三格式化粪池厕所、双瓮漏斗式厕所等 6 种类型，为各地农村户厕新建、改建和使用管理提供了支撑。

三是逐渐形成了一套改厕机制。新一轮国家机构改革后，农村改厕工作进入由中央农村工作领导小组办公室、农业农村部牵头，各部门通力合作的阶段。中央农村工作领导小组办公室、农业农村部紧紧围绕发挥农民的主体作用，加强试点示范，浙江实施“千村示范、万村整治”工程，成为全国农村人居环境整治的引领者和示范区。在此基础上，各地不断细化分类、分步推进，中央与地方互动推进农村改厕的机制初步建立。

四是陆续强化了一定资金支撑。2019 年中央 1 号文件指出，调整完善土地出让收入使用范围，提高农业农村投入比例，重点用于农村人居环境整治、村庄基础设施建设和高标准农田建设。2019 年，农业农村部与财政部、发改委落实 100 亿元支持农村厕所革命等内容。根据改厕内容、难易程度以及财政承受能力，各地对每户采取 600～4 000 元改厕奖补。

总体看，农村改厕取得了积极进展，全国超过一半的村庄进行了改厕、一半左右的农户用上了卫生厕所、使用卫生厕所的农民超过 80%。据第二、第三次全国农业普查数据，2016 年末，全国有 319 100 个村完成或部分完成改厕，占全国的 53.5%，比 2009 年提高 30 个百分点。在 2.3 亿农户中，使用水冲式卫生厕所和卫生旱厕的农户超过 48.6%（2009 年第二次全国农业普查时，水冲式厕所仅占 12.84%）。从农民个体使用卫生厕所情况看，在农村总人口中使用卫生厕所的人口百分率从 1993 年的 7.5%提高到 2016 年的 80.3%。

随着农村改厕进程的有序推进，农民生活舒适度不断提升，农民生活质量不断提升，相关疾病发生、流行得到一定控制，农民健康卫生意识有所提高，改厕后农民群众饭前洗手、如厕后洗手等卫生习惯显著提高。我国厕所革命的生动实践，成为展示中国形象、讲好中国故事的窗口，为全球发展中国家解决厕所问题提供了中国方案、贡献了中国样本。

二、农村厕所革命仍然任重道远

我国农村厕所革命要取得预期的成效，需要抓紧有效解决目前影响农村改厕的五个因素、四个方面。

（一）五个因素

1. 在用水影响上，干旱地区的农户心存疑虑　一方面，有些农民把改厕等同于改水冲式厕所，进而认为“喝水都有问题，哪有水来冲厕所?”另一方面，抽水马桶需要上下水，即使部分集中供水的村庄，也做不到全天供水，导致农民有时使用不方便。同时，干旱地区由于天气干燥，粪液蒸发较快，加之地广人稀，一些农户还没有把改厕纳入“议事日程”。

2. 在气温影响上，高寒地区的农户面临难题　据课题组调研，黑龙江省鸡西市冻土层深达 2～2.7 米，浅层粪便发酵的条件不足。

在内蒙古扎赉特旗，农民对冬季严寒状态下的改厕设施使用表示疑虑，有些地区虽然改造了厕所，但没有解决粪液结冰抽排的问题，反而带来一些生活不方便。

3. 在粪污处理上，全程处理的环节仍需衔接 随着农村青壮年劳动力的外出转移，厕所粪便收集、处理等环节缺少劳力、处理成本高等问题越来越突出。据课题组在内蒙古扎赉特旗典型问卷调研，68%的农户更加关注改厕后的排污处理，位居影响改厕的各因素之首。一些地区的农民为减少粪便清理，在建设化粪池时有意渗漏，导致污水直接扩散到土壤里。

4. 在日常管护上，社会服务的配套仍需加强 在经济发展相对落后、地广人稀的地区，改厕设施的社会化服务相对较为薄弱，成为影响改厕的重要因素，存在重建设、轻管护的现象。据课题组在内蒙古扎拉特旗典型问卷调研，84%的农户认为维护服务和技术服务是改厕过程中最亟须处理的问题。同时，在硬件设施建设完成后，缺乏对农户家中厕所的使用情况进行跟踪管理和反馈，也使得农村改厕缺乏长效化、可持续性机制。

5. 在费用筹集上，各负其责的机制仍需完善 对于从"地里刨食"的农民而言，花费每一分钱都需要精打细算。在其生活支出中，农村改厕花费成为一笔大支出，除非财政完全投入，农户才有动力改厕。而有些地方部门则担心，若完全由财政包揽，将面临使用农户不爱惜、不上心的现象。

（二）四个方面

多个维度、综合分析影响农村改厕的问题，主要有四个方面。一是农村改厕的推动需要各方合力，但还没有完全形成上下同心、齐心协力的格局，有时存在上热下冷的现象，有的地方在急于求成、赶进度的情况下更容易出现替农民做主的现象。二是农村改厕更多需要立足村庄实际，但有时还存在用城市视角而不是农民视角推动改厕的现象，有些地方在制定政策或技术路线过程中，习惯性考虑集中下水处理等方向；一些地方没有考虑自身基础和现实条件，采取简单自上而下定任务、下指标的方式。三是农村改厕问题历经千年习惯，要改变农民的习惯难以一蹴而就。受传统生活习惯和思想观念影响，许多农民特别是年纪较大的农民和牧民不习惯在室内上厕所，觉得难为情。四是农村改厕本质上是生活发展到一定阶段的产物，但各地发展水平不同的现状决定了不能"一刀切"，特别是对于部分贫困地区而言，首要的任务仍然是脱贫攻坚，不能因改厕工作影响脱贫致富硬任务。

三、有序推进农村厕所革命的建议

农村厕所革命事关乡村振兴大局，事关农民安居乐业。有序推进农村厕所革命，应继续从农民需求的角度，围绕农民"用户体验"，在全局中把握农村改厕，大力推动户用改厕，因地制宜分类推进改厕，提升农民群众的卫生健康意识和生活品质，实现小厕所促进社会大进步。

1. 按农民的需求确定厕所革命的标准　坚持"以人民为中心"，围绕"农民需要"推进厕所革命，加强自下而上开展调研，分级分类明确卫生厕所的需求；在充分尊重农民生产、生活方式的基础上，将厕所建设与农村污水处理、沼气、有机肥生产等系统互联互通，加快研发与推广适宜不同区域的生态厕所、粪污处理技术。

2. 把农民的力量作为推进厕所革命的主体　加强宣传教育，让农民不仅仅成为厕所革命的受益者，更要成为主要参与者和推动者，实现由"要我改"到"我要改"。积极鼓励农民出钱出力、投资投劳，有效化解厕所革命资金不足、劳力短缺等问题。加强对农民厕所管护培训和指导，引导其自觉参与厕所的管护，真正管好用好卫生厕所。

3. 以为民服务的尺度衡量厕所革命的推进方案　围绕改善农

民生活品质、提升农村幸福指数，构建卫生、健康、文明、适用的农村厕所系统。对于改造后的厕所，从收集系统、粪污处置系统、管理维护系统等方面尽快完善配套，形成完整的卫生厕所系统。对开始改建的厕所，统筹考虑厕所系统建设和运行维护系统有效衔接，实现环境污染有效控制。

4. 从促进农民全面发展的导向处理好政府引导、党委负责、农民主体的关系 坚持实化、细化五级书记抓乡村振兴的政策，强化厕所革命的政府引导作用，突出各级党委的坐镇指挥、协调各方的作用，进一步构建又有牵头、又有协作、各负其责、各尽其力、各记其功的政府协作格局，激发厕所革命在乡村推进的启动力，打通阻碍厕所改造的“最后一公里”。

5. 用群众的眼光监督厕所革命的成效 强化农民群众在厕所革命中的监督评估主体地位，让农民监督、让农民评判、让农民满意，让各级政府在农民群众评判中了解成绩和不足，梳理出群众反映强烈、迫切希望解决的热点难点问题，不断推进厕所革命持续稳定发展。

推动自治下沉与加快产业振兴是西部脱贫地区实现乡村治理有效的基本路径

周向阳　黄　臻　赵一夫

提升乡村治理能力、实现乡村治理有效不仅是促进乡村全面振兴的重要内容，还是实现国家治理能力现代化的重要内容。随着城镇化和工业化的加快发展，农村人口外流明显，局部地区农村出现空心化，并伴随“留守老人”“留守妇女”“留守儿童”现象，加之少数农村基层党组织软弱涣散，乡村治理面临前所未有的挑战，而且这种挑战在贫困地区或刚刚完成脱贫任务地区尤为突出，加快完善脱贫地区乡村治理体系、提升治理能力显得更加重要。

从历史数据来看，贵州省是除西藏自治区之外，西部贫困县数量较多的省份。党的十八大以来，贵州省脱贫攻坚成效明显，贫困人口从923万人减少到155万人，减贫人数全国第一，贫困发生率从26.8%减少到4.3%，33个贫困县成功脱贫摘帽。课题组赴贵州省瓮安县猴场镇青池村开展了脱贫地区乡村治理专题调研。调研表明，通过在村民小组基础上成立议事小组的方式推动村民自治下沉，以基层党支部为引领，加快规划乡村产业发展和振兴，对西部脱贫地区实现乡村治理有效、脱贫后持续发展具有重要意义。

一、推动自治下沉的做法与成效

（一）基本背景

瓮安县地处贵州省中部，是革命老区县，总人口53万人，曾经为国家级贫困县。2014年初，瓮安县建档立卡贫困人口17 630

户 60 485 人，贫困发生率为 14.5%。2018 年，瓮安县建档立卡贫困人口降到 1 761 户 4 331 人，比 2014 年初减少 15 869 户 56 154 人，46 个贫困村全部出列，综合贫困发生率降到 1.04%，同时民生持续改善，同步小康实现程度达到 99.4%。青池村位于瓮安县猴场镇东部，曾经是一类贫困村，建档立卡 259 户 972 人，调研时还有 4 户 14 人未脱贫。

（二）基本做法

在驻村干部下派担任青池村党总支书记后，新的治理模式被建立。

1. 在村民小组基础上成立议事小组　在村民小组的基础上建立议事小组，围绕村民小组的道路修建、河道建设等重要建设工程进行协商决策。议事小组吸纳 5～7 名村民构成，推选小组长 1 名。青池村在议事小组成员推选上，明确要求党员、乡贤、带头致富能人、妇女代表 4 类群体至少有 1 名代表。

2. 在行政村基础上成立议事机构　在村民委员会成立议事机构，议事机构配置 1 名组长，由党支部书记担任，副组长 2 名，由村民委员会主任和村务监督委员会主任担任，成员包括村“两委”成员、村监督委员会成员、各村民议事小组组长。议事机构在村委会议事厅开展议事活动，重点协调不同村民组的计划和决议，统筹全村建设和发展。

3. 制定规范的议事规则　青池村起草制定了《议事规则》，建立起规范的议事制度。《议事规则》分为村务议事规则、组务议事规则两个部分。每个部分都详细规定了议事会议的“参与人员”“决策程序”“决策内容”和“决策落实”。“决策内容”与村民利益关系十分密切，主要涉及本村或本组的经济发展规划、公益事业、基础设施建设等项目建设，集体资产管理和集体收入的分配等重大事项。除此之外，议事规则要设定若干基本原则，例如，青池村要求“组务议事时，议事小组成员需要表明支持什么，赞成什么、反对什么，应当有鲜明的态度”“要坚决维护上级党委、村党总支部、村委会权威和维护全局的议事”“坚持民主集中制、少数服从多数，不搞个人说了算，也不搞极端民主化”。

4. 加强舆论监督和德治 在村民自治下沉的基础上，青池村通过开展“比一比”“晒一晒”活动，从正反两个方面开展德治。“比一比”活动旨在村庄内部弘扬先进典型，重点比尊老爱幼、比勤劳致富、比庭院整洁，已经设立八大类先进群众评选；“晒一晒”活动旨在揭露负面典型，重点晒不良行为、晒陈规陋习、晒反面典型。

5. 坚持法治底线 乡村治理中，法治是保障。乡村治理主体以及广大村民都应在法律允许的框架范围内活动，突破了法律底线，必然要受到法律的制裁，法律面前人人平等。青池村党支部在对极少数“等、靠、要”思想严重的群众劝说、教育无效的情况下，运用了法律手段向执法部门申请惩戒，用法律制度约束极少数农户的超越法律规范的行为，对乡村治理的正常运作起到较好的威慑作用。

（三）主要成效

1. 实现村组各项工作有序推进 随着村庄脱贫后持续发展，待协商讨论的事项数量和频次日益增加。通过实施自治下沉、建立规范的议事模式，再多的待协商讨论也变得不复杂，自治下沉促进了各事项在村组范围内、行政村范围内进行深入讨论协商，提升了办事效率，保证了组务、村务议事程序的规范性、权威性、公正性和公平性，统一了村民思想、达成共识，推动形成村庄建设发展重大决策。

2. 化解了内部矛盾和风险 “青池的事青池治，坐下一起议一议。好好讲话说道理，你谅我让促和谐”“说一说，是说心里话、说怨气话、说新风进万家；议一议，是议村务、议组务、议邻里互助”。青池村围绕涉及群众切身利益的事情将知情权、决策权交给农民自己，通过讨论和商议消除误解、抱怨和争议，有效防范内部风险发生和矛盾升级。

3. 群众不当思想和行为得到规范 贫困不仅影响了群众的经济状况，也束缚了群众的致富头脑。在自治下沉之后，群众要脱贫、要致富、要发展的内生动力被激活，少数群众“等、靠、要”的思想被遏制，“说一说”“议一议”让群众对涉及组务、村务的建设发展事项有了认知和思考，增强了参与乡村发展的主动性。“比一比”“晒一晒”有效发挥了村民舆论监督作用，规范了村民的日常行为。

4. 基层党组织战斗堡垒作用逐渐显现 青池村基层党组织的结构更加优化，战斗堡垒作用加强。除了过去3个支部外，在农民专业合作社又成立了第四个党支部，各个村民小组均实现党员全覆盖。为了更好地推动青池村村民自治下沉，基层党组织在健全乡村治理体系的地位和作用也进一步提高。一方面通过猴场镇选调素质高、业务能力强的干部派驻青池村担任党总支书记，巩固了党总支书记在乡村治理的核心领导责任；另一方面，分布在各个议事小组的党员肩负了宣传贯彻中央精神、国家政策的责任。

二、加快乡村产业振兴的做法与成效

1. 基本做法 一是重视乡村产业规划。青池村地处我国西部地区丘陵地带，农业自然资源优势不突出，脱贫后持续发展仍面临诸多挑战。村“两委”积极结合本地资源特色，实施“31152”产业规划。即种植青池贡米3 000亩、蜂糖李1 500亩、茶叶1 200亩、蔬菜500亩、茭白200亩。在乡村产业规划中，十分注重突出重点，避免“胡子眉毛一把抓”，重点通过引入现代化稻米加工厂延伸产业链，优先强化稻米产业发展。二是打造共享经营模式。青池村坚持在推动乡村产业振兴过程中必须让农民合理共享全产业链增值收益，成立青池种养殖专业合作社，通过“公司+合作社+农户”的模式，实现公司、合作社、农户三方利益联结。三是全面更新经营理念。青池村重视教育引导农民既“富口袋”、又“富脑袋”。一方面，青池村推动产业走规模化、优质化、品牌化发展道路，深入挖掘当地贡米悠久历史文化和传统，引入新品种、现代加工和包装技术，以做好质量为重点，加强安全认证，提高产业附加值，打造地区品牌；另一方面，探索推进农村一二三产业融合发展，以水果、蔬菜为基础，探索观光采摘业态。

2. 主要成效 通过规划，形成了较清晰的村庄产业发展思路，运用资源和文化优势，对产业发展进行准确定位，并将产业发展和农民利益紧密结合，在村域范围内初步构建了完整的产业体系和经营体系，初步开启了独特的区域品牌发展道路，为脱贫后乡村经济持续发展提供了强劲动力。

三、几点启示

1. 吸纳乡村精英是自治下沉的前置条件 青池村的经验表明，在西部脱贫地区，推动自治下沉依然显得有必要且可行。以广东清远、湖北秭归等为代表的东部、中部地区近年来也出现了村民自治下沉现象，同样取得良好效果。如何合理组建自治人员队伍，在村组一级，推选什么人参与治理成为关键性问题。青池村议事小组推选的成员具有较好的代表性和先进性。党员、乡贤、致富能手以及妇女代表基本上均属于乡村精英，他们既了解国家政策导向，又懂得市场机制；既能代表大多数村民意愿，具有一定的公信力和权威性，又能协调不同成员的利益，防范内部风险和矛盾发生，是实现自治下沉的支柱性因素。

2. 建立规范化议事规则是自治有效的重要保障 为了提高议事的效率和效果，制定一整套议事规则对议事行为加以规范显得尤为必要。在议事规则指导下，自治下沉消除了村“两委”干部和群众之间信息不对称问题，降低了乡村治理中的交易费用，让政策支持的项目落地更加符合实际，让村民更容易彼此之间进行意见交换、达成利益调整共识。自治下沉还促使农村基层推动民主管理，增强村民民主意识。参加会议人数最低要求、表决通过人数比例门槛等规则的设定，增强了议事会议和议事程序的正当性，保障了议事结果的公正性和公平性。

3. 自治下沉有利于加强道德的引导和舆论的监督　与“比一比”即表彰先进典型相比，“晒一晒”负面典型应不应该成为一项乡村治理的手段？青池村经验表明，“晒一晒”实践效果立竿见影。小范围的不良行为“曝光”将迅速引起事发农户的响应和反馈，更容易推动其行为的整改。村民内部的舆论压力促使农民的言行趋向自律，更符合村规民约的规范，实现了自我约束和自我管理。但要注意把握“晒一晒”反面典型的“度”，即合理控制对反面典型的程度、频次和范围。

4. 产业兴旺才能乡村治理有效　产业振兴是乡村全面振兴的重要引擎。西部地区中，特别是已经实现脱贫的地区，必须依靠乡村产业的持续发展达到不再返贫的目标。产业振兴将激活村庄经济发展的内生机制，离开乡村产业振兴，乡村治理只会沦为空谈，成为无源之水，基层党组织、村委会等重点治理主体威望必然受到挑战，农民群众也会因产业不兴旺而丧失获得感。以青池村为例，其“两委”干部已经充分认识到产业振兴对乡村治理有效带来的必然影响。

5. 引导村民自治、科学规划产业发展，离不开基层党组织战斗堡垒　农村基层党组织在乡村治理中发挥战斗堡垒作用要从广度、深度和热度三个方面着力。有广度，即要求基层党组织切实肩负起引导村民开展自治的责任，干部和普通党员都应参与进来，使基层党组织真正成为群众的主心骨。有深度，即要求基层党组织，特别是党组织书记，不断拓展管理视野，带动群众做好乡村振兴各项工作，切实提高治理能力。有热度，即要求基层党组织始终保持全心全意为人民服务的热情，不忘初心，在尊重群众意见的基础上谋发展，在维护群众共同利益的基础上谋幸福。

2019

二、顾问团专家论文

捡回另一半农业的再思考

尹成杰

习近平总书记在党的十九大报告中作出了“绿水青山就是金山银山”“推进资源节约和循环利用”“大力实施乡村振兴战略”等重要论断，为新时代农业农村发展和现代农业建设指明了方向，提出了新任务、新要求、新课题。现代农业绿色发展是乡村振兴和推进资源节约循环利用的必由之路，迫切需要加强农作物秸秆、畜禽粪便、农村生活垃圾等农林生物质资源综合利用，捡回另一半农业。

一、理念创新是捡回另一半农业的根本前提

生态兴则文明兴，生态衰则文明衰。党的十九大强调贯彻“创新、协调、绿色、开放、共享”的发展理念，为现代农业发展指明了方向。习近平总书记以深邃的思考直面人们诉求，以全新的理念指导经济社会发展和生态文明建设。他多次指出和强调绿色化的发展理念，在云南调研时指出“推进新农村建设，要以保护生态环境为前提，要留得住青山绿水，经济要发展，但不能以破坏生态环境为代价，生态环境保护是一项长期任务，要久久为功。”他在广西调研时强调，“顺应自然、追求天人合一，是中华民族自古以来的理念，也是今天现代化建设的重要遵循。”2017 年中央 1 号文件明确指出，建设中国特色的现代农业，要走农业绿色发展的道路。习近平总书记的重要论述和中央 1 号文件精神，为生态农业和现代农业发展进一步指明了方向，提出了要求。我们要从

更高的层次和理念上认识生态农业，要从更高的定位和战略落实生态农业发展举措。

（一）农作物种植成果的"1/2、1/2"理论

传统农业认为农作物籽粒果实为1。然而实践证明，农作物籽粒果实仅为农作物种植成果的1/2，农作物秸秆也是农作物种植成果，也是农作物种植成果的1/2，两种成果加起来才等于1。因此，农作物种植的"1/2、1/2"理论，拓宽了农作物种植成果的领域，丰富了农产品的内涵，改变了千百年来传统农业对农产品和农作物成果习惯认知。

（二）农业的多元产品贡献

在传统农业认识范畴，人们往往关注一元产品贡献，主要是农作物籽粒、果实及瓜果蔬菜等。随着时代发展和现代农业建设，以及消费需求和观念的变化，农业体现出明显的多元产品贡献。

一是农业提供人类消费所需的物质能量。包括粮食、蔬菜、水果、肉奶蛋等农产品，保证生存所需的物质有效供给。

二是农业提供人类生产生活需要的绿色能量。主要是生物质能、农作物秸秆加工能量、畜禽粪便气化沼气等。

三是农业提供人类需要的绿色生态产品。我国有23.5亿亩农业种植结构网、60亿亩草原、50亿亩森林，还有4.5亿亩左右的稻田湿地资源，这是我国巨大的农业绿色生态产品资源。特别是随着现代农业建设的推进，农业的绿色生态产品价值和功能逐步发挥，现代农业既是生产网、增收网，又是就业网、生态网和环境网。

四是农业提供人类需要的休闲养生旅游产品。随着现代农业产业链条的不断延伸，农业休闲养生旅游等新型潜能得到有效释放。现代农业加快发展，美丽乡村建设加快推进，田园变公园、农房变客房、盆景变风景、劳动变运动，乡村旅游市场日益扩大，农村休

闲养生旅游正在成为农村经济新的重要增长点。

（三）创建开辟农业“第二森林”和“第二木材”

森林和木材，对一个国家经济发展、社会进步和生态建设至关重要。森林不仅是重要的战略性经济资源，而且是城乡居民生活的重要物质资料，还是生态建设和环境保护的重要绿色屏障。我国虽然是世界林业大国，但人均森林资源占有量较低。当前，从世界森林资源培育和木材开发利用看，一些林业发达国家，无论从理念、管理、政策和利用上，都走在世界前列，并发生一些重大变化。欧洲一些林业大国，提倡在保护中利用，在利用中开发，木材用于经济和社会发展需要的数量明显增加。他们把家居用材和居民健康联系起来，居室尽量用木材建设和装饰，尽量减少钢筋混凝土与使用者的较近接触。这是他们林业资源丰富、木材人均占有量较高的资源禀赋决定的。但是，在我们国家这样做是办不到的，也是不可行的。因为从森林和木材总量上看我国是林业大国，但从人均占有量上看是小国。我们国家实行了天然林保护工程，森林的首要功能是生态保护和环境建设。

我国森林资源和开发利用要坚持“绿水青山就是金山银山”的发展理念，加大森林资源的保护，大力实施天然林保护工程和森林禁伐政策措施。从我国森林资源禀赋和国情、林情出发，我们必须转变森林和木材的认识理念和开发利用方式，积极探索和创新第二森林和木材资源，既坚定不移保护现有森林资源，又要探索满足经济社会发展对木材需求的新理念、新途径。

从农业的生产功能和产出成果看，农作物种植是“第二森林”，农作物秸秆是“第二木材”。我国稳定的农作物种植面积，发挥着某种森林资源的功能和作用。庞大的绿色农业结构和区域布局，不仅提供了丰富充裕的农产品物质资源，而且在美化环境、调节气候、涵养水源、净化空气、保持水土和维持生态等方面也发挥重要作用。近 10 亿吨的农作物秸秆，经过综合加工利用，已经替代了大量的森林采伐和木材消耗。从一定意义上说，庞大的农作物种植群是另一种形态的“森林”，产量巨大的农作物秸秆是另一种形态的“木材”。我们必须转变对传统的森林和木材内涵的认知，拓宽关于森林和木材的应用视野。把“第一森林”保护好，把“第二森林”建设好；把“第一木材”限用好，把“第二木材”开发好。

（四）农业农村是发展绿色能源的重要基地

生物质能是重要的绿色能源。农业是生物质能的最大生产基地。生物质能有其他能源不可比拟的优势。每一棵农作物都是一台绿色能源生产机器，生物质能具备绿色、低碳、可持续利用等优势和特点；生物质能生产过程安全可靠，便于管控；生物质能可以移动和储存，可以形成多元能态，以及多种利用形态。

建立农村绿色能源基地和产业，一举多得，经济效益、社会效益和生态效益兼收。发挥农业农村生物质资源优势，就地取材、就地建厂、就地转化、就地利用，既有利于提高资源利用效率，又有利于减轻建大厂投资压力；既有利于解决农村新型能源需求，又有利于缓解国家能源供给压力；既有利于综合利用农业生物质资源，又有利于保护生态环境；既有利于发展农村能源新产业、新业态，又有利于扩大农民就业和增加农民收入。

目前，随着全球生态环境治理、节能减排、绿色发展理念的提出，世界进入高度重视生物质能的新时代，发展生物质能的战略性和可行性大为提高。我国是农业生物质资源大国，具备开发生物质能和发展农业生物质产业的资源和条件。我国古代农业发展就有“斤粮斤半草”之说，即按粮食总量平均计算，生产 1 斤粮食就生产 1.5 斤的秸秆。据此，我国有 6.5 亿吨粮食资源，同时会生产出约 10 亿吨秸秆资源。近些年来，我国生物质能开发利用的途径不断拓宽，产品日益多元，加快发展生物质产业不可逆转，我国正在从生物质资源大国向生物质产业和生物质能源强国迈进。

（五）发展生物质产业是农业供给侧结构性改革的重要内容

研究农业供给侧结构性问题，不能绕过和轻看发展农业生物质产业。发展农业生物质产业，是农业供给侧结构性改革的重要任务。长期以来，在我国农业供给侧领域，生物质功能没有得到充分发挥，一些地方仍然忽视和废弃农业供给侧的生物质功能，导致农业需求侧对生物质能的需求难以满足。可以说，加快发展生物质产业，是深化农业供给侧结构性改革的重要任务。农业种植业是把太阳能转化成生物质能的绿色产业，是向太阳能要新能源的有效措施和途径，要向农业种植业要太阳能转化的新能源。我国广大耕地的种植结构和布局，以及巨大的森林和草原资源，实质就是庞大而神秘的太阳能高效接收基地、高效转化基地和生物质能高效生产基地。

二、综合开发利用是捡回另一半农业的重要途径

我国是生物质资源蕴藏和产量极其丰富的国家之一。据统计，我国每年生产生物质能资源主要包括：农作物秸秆 10 亿吨左右、林业剩余物 0.8 亿吨、畜禽养殖粪便 30 亿吨、生活有机垃圾 1.5 亿吨、农产品加工废水废渣 10 亿吨。近年来，我国政府出台了一系列扶持生物质产业发展的政策举措，各地生物质产业利用理念、技术、应用领域和效果均取得积极进展，走出了一条具有中国特色的生物质产业发展道路。归结起来，农业生物质资源利用的主要途径，可以概括为“五化”利用：

一是肥料化利用。生物质资源富含氮、磷、钾、钙、镁和有机质等，是一种具有多用途和可再生的生物资源。包括农作物秸秆等生物质资源，可以通过秸秆还田、生产生物有机肥料，作为培肥地力的重要来源。

二是饲料化利用。近些年，随着畜牧业的加快发展，农作物秸

秆等加工转化技术日趋成熟，有的企业已经掌握秸秆膨化、青贮、氨化、酶制剂、微生物处理等技术，生物质饲料化利用总量不断增加，有效利用率明显提高。

三是材料化利用。原料化利用，主要是利用生物质资源生产工业原料、造纸、建筑材料等。生物质资源经过压块、定型、加工等，广泛用作工业生产原料。农作物秸秆、林木枝杈作为造纸的主要原材料。现在有的企业利用生物质资源，研发生产节能、新型、环保建筑材料，成为高耗能建筑材料的有效替代。

四是能源化利用。能源化利用主要是生物质原料经过固化、液化或气化，形成沼气或发电等能源的过程。目前，全国沼气能源化利用的总量约为 160 亿立方米，约占我国燃气能源利用总量的 7%；全国生物质发电 780 万千瓦，占发电总装机容量 12.5 亿千瓦的 0.6%。特别是近些年来，大中型沼气工程、生物质发电项目加快建设，生物质能源化利用步伐加快。但从开发利用潜力看，我国每年生产的生物质能资源当中，可作为能源利用的总量约 4.6 亿吨标准煤能量，目前利用约 2 200 万吨标准煤能量，利用率仅为 4.8%，还有约 4.4 亿吨标准煤能量未利用，发展潜力巨大。

五是基料化利用。农作物秸秆等生物质资源含有丰富的纤维素和木质素等有机物，是栽培食用菌等产品的好材料。以秸秆为原料栽培食用菌等产品，实现农业生产内部的直接再循环。

总体来说，我国生物质能利用走出了具有中国特色的产业化发展道路，形成了“五化”利用协调推进的总体格局。但从生物质能蕴藏和生产规模来看，特别是与发达国家相比，我国生物质能产业发展潜力仍然很大。据统计，目前巴西乙醇燃料应用已占该国汽油燃料消费量的 50%以上；瑞典生物质热电联产年发电量约 1 000 亿千瓦时，占全国能源消费量的 16.5%，占供热能源消费总量的 68.5%；丹麦的生物质直燃发电年消耗农林废弃物约 150 万吨，提供全国 5%的电力供应；美国和奥地利生物质能分别占一次能源消费量的 4%和 10%。应该看到，农业生物质资源开发利用永无止境。我们不能停留在“五化”利用上。目前，有些利用还是初步的、粗放的。应进一步推进农作物秸秆等农业生物资源加工利用技术创新，向加工利用的深度和广度进军，增加综合加工利用的科技含量，提高综合加工利用的质量和效率。

三、多重效应是捡回另一半农业的重要成果

一是综合利用农作物秸秆能量，可以优化能源结构。农作物秸秆是重要的生物质能源材料。利用农作物秸秆发电、气化等发展可再生能源，我国具有得天独厚的优势和条件。从我国目前的能源结构看，石油、煤炭等一次性能源消费占很大比重。资料显示，2018年我国石油和天然气的对外依存度分别达到69%和45%，已成为全球第三大天然气消费国。据有关部门预测，2020年我国石油对外依存度或超70%。从长期来看，改善我国能源结构必须积极发展可再生能源和新能源，而发展生物质能源是世界新能源发展的一个重要方面。充分利用农作物秸秆发展可再生能源，有利于提高绿色能源在我国能源中的比重。

二是综合利用农作物秸秆能量，可以保护生态环境。利用农作物秸秆发展生物质能源，有利于节能减排、保护生态环境。发展低碳绿色能源，可以大量减少二氧化碳和二氧化硫排放。发展秸秆综合利用，可以有效减少秸秆焚烧，可以减少因秸秆焚烧排放的气体、热量和微粒子，有效缓解雾霾污染集中生成；可以有效防止秸秆传播病虫害，有利于农作物病虫害防治；可使秸秆发电后的草木灰成为高品质钾肥，替代部分化肥，减少农业面源污染。

三是综合利用农作物秸秆能量，可以促进农民增收。发展生物质能源，可以使农产品的价值得到充分实现。农作物秸秆作为重要农产品出售给企业，1斤秸秆的收入相当于1斤粮食的1/4。这是农民增收领域的有效扩展。尤其是粮食主产区的秸秆能源化利用，有利于提高农民种粮积极性，从而使发展“生物质能源”与“粮食

安全”相互促进。另外，农民还可以通过种植能源作物，拓宽增收渠道。

四是综合利用农作物秸秆能量，可以提高农业资源利用率。农作物果实能量和秸秆能量的形成，都消耗了大量的耕地、淡水和农业投入品。所以，大量秸秆资源的废弃就等于大量耕地、淡水和其他农业投入品的浪费。运用现代加工技术，综合利用农作物秸秆能量，实质是提高耕地、淡水和农业投入品的利用率，提高农业的比较效益。如果我们把农作物能量综合利用起来发展生物质能源，也就等于节约了大量的耕地、淡水和农业投入品。

四、完善政策是捡回另一半农业的重要保障

近些年来，特别是党的十八大以来，我国以新发展理念为指导，进一步建立健全发展新兴能源的法律法规和政策措施。当前，我国基本形成了以《可再生能源法》为基础，包括产业规划、实施方案、专项政策、地方政策等，集成财政补贴、价格优惠、税费减免、用地用电扶持等生物质产业发展的综合性政策框架体系。

一是生物质能利用立法。2005 年十届全国人大通过了《可再生能源法》，并于 2006 年 1 月 1 日起正式实施。这在法律上明确了可再生能源包括生物质能在现代能源中的地位，并为相关政策措施的制定出台提供了方向指导和规范基础。

二是制定生物质能利用发展规划。2009 年，国务院印发《促进生物产业加快发展的若干政策》，就具体政策而言，国家有关部门也出台了一系列政策予以落实。农业部制定了《农业生物质能产业发展规划（2007—2015 年）》、国家能源局制定了《生物质能发展“十二五”规划》、国家林业局制定了《全国林业生物质能发展规划（2011—2020 年）》等专项规划。这些专项规划，极大地推动了生物质产业的发展。

三是制定出台具体实施政策。比如生物质发电优先上网，电网

公司全额收购上网电量，全时段、各地区上网统一电价为0.75元；在农作物秸秆综合利用方面，中央财政对年消耗秸秆量1万吨以上的企业，每吨给予140元的补助；在沼气和生物天然气建设方面，在继续实施中小型沼气工程、户用沼气、沼气服务体系建设补助的基础上，重点扶持规模化大型沼气和天然气工程。2015年，国家发改委和农业部出台了《农村沼气工程转型升级工作方案》，中央对符合条件的大型沼气、生物天然气工程，按照每立方米沼气生产能力投资补助1 500元，对每立方米生物天然气生产能力补助2 500元，单个项目最高补助5 000万元。

四是地方政策。各地结合自身实际，积极推动出台扶持生物质产业发展的政策措施。比如，吉林省政府出台了《发展生物质经济实施方案》，计划到2020年基本确立生物质经济形态；江苏省人大通过了《关于促进农作物秸秆综合利用的决定》；浙江省农业厅制定了《农作物秸秆综合利用实施方案（2014—2017年）》；山东省正在参与制定国家生物质产业发展的相关标准等。这些政策举措，因地制宜地促进了我国各地发展生物质产业的快速发展。

近些年来，我国生物质能和生物质产业发展取得明显成绩，但是与其他先进国家相比还有一定差距：一是对生物质的资源价值和开发利用前景认识不到位。二是政府对秸秆开发利用的政策引导和扶持力度不够。三是生物质资源开发利用在用地、用电和运输等方面的政策不配套。四是生物质能源化利用缺乏利益激励机制。五是生物质资源及其产品价格形成机制还没有建立。六是缺乏科学统一的生物质产业技术标准和质量检测标准。七是生物质综合利用相关产业的扶持政策缺乏衔接和配套。这些问题，需要采取有效措施，切实加以解决，大力推进生物质能与生物质产业加快发展。

随着生物质加工利用技术不断进步，利用领域不断拓展，生物质资源价值和商品属性日益增强，包括我国在内的不少国家都把发展生物质经济作为重大战略，美国等国家制定了生物质产业发展的路线图。经济发达国家奋勇争先，发展中国家努力迎头赶上。应采取有效有力措施，大力推进生物质能与生物质产业快速健康发展。

一是加强生物质能综合利用技术的研究和开发。目前，与美国、欧洲等农业发达国家相比，我国生物质能综合利用技术的研发能力总体还比较落后，应把生物质能科技创新和技术研发放在首位。重点加快生物质能源化利用技术创新，加强核心技术的开发和研究，加快成套设备国产化步伐，降低投入成本。加强秸秆饲料物理、化学和生物处理技术的研究，加大青贮饲料和氨化等成熟技术的推广力度。进一步加强技术集成和配套，完善综合利用技术体系，实现生物质资源的“吃干榨净”。

二是重视和发展生物质资源生产。根据我国土地、淡水资源稀缺情况，生物质资源的利用前景等因素，理顺和科学制订生物质资源及其产品的价格形成机制。制定合理的生物质资源收购政策，使农民获得合理收益，保护和调动农民的生产积极性。由于不同类型的生物质资源，其能量和营养价值差异很大，因此，在优化生物质资源生产结构过程中，要充分考虑各类农业生产成果的综合产出。特别是生物质资源生产要与种植业生产布局结合起来。在优化种植业布局时，要考虑生物质资源的高效、便捷利用和综合利用能力。要统筹种植业、畜牧业、饲料业和生物质能源的发展，促进农业和农村经济的生态、循环、高效发展。

三是加强生物质资源的管理。生物质资源是我国农、林业生产的重要内容。要进一步加强对生物质综合利用工作的组织和管理。加快研究制定利用生物质资源发展循环经济的发展规划，明确发展目标、重点区域、重点项目和政策措施。要进一步完善生产加工和流通管理机制。生物质资源和其他产品一样，也是集中收获，全年消费和利用。应建立健全相应的储备办法，保证生物质资源均衡供应。加大对生物质综合利用的资金投入力度，积极引导社会资金投向生物质综合利用领域，加快利用外资的步伐。

四是制定和完善生物质资源的收储、加工和流通政策。由于生物质资源分布广、密度低、收获季节性强，收集和储存比较困难，要研究建立生物质资源收集、储存、运输管理政策和机制，保证生物质资源数量和质量。在利用生物质资源发展生态、循环、高效农业和农村循环经济的新领域，要研究制定有力的政策措施，促进生物质资源综合利用和产品顺畅流通。

五是创新生物质产业发展的商业模式。目前，各地已经形成了较为科学合理的生物质生产、储运、加工、科研、营销的一体化发展模式。在生物质产业发展的链条中，农民、农村经纪人、专业合作社、农业企业、科研院所等各类市场主体，基本形成了分工合理、各司其职、各得其利的产业链和价值链。要进一步总结生物质产业的模式及特点，不断完善生物质产业发展的商业模式和技术路线。引入政府购买服务、BOT、PPP 等多种生物质产业发展的商业模式。

六是制定质量标准，完善监督管理。产品规范化、系列化，会使消费者坚定对产品的信心。缺乏产品质量国家标准和认证标准及相应的法规和质量监督、缺乏系统的技术规范，会影响产品市场的扩大。应注重制定生物质能源产品的质量标准，健全产品质量监测体系，建设一支高素质的监督管理队伍，积极参与国际标准制定，对关键产品统一标准，确保生产质量。同时，对生物质能源转化过程中的机械设备和技术体系也应实施严格的标准并依法监督执行。目前，这方面国内相关研究机构众多，但是并没有统一的标准体系。现有机械设备和技术体系千差万别，对原料的要求各不相同，迫切需要制定一整套技术标准，并将其纳入相应的法规政策体系中贯彻实施。

对做好脱贫攻坚与乡村振兴相衔接的几点认识

陈晓华

党的十九大把脱贫攻坚作为三大攻坚战之一，向人民做出了承诺，把乡村振兴作为七大战略之一载入了党章，做好这两项工作，关系全局、意义重大。结合到农村的调研，我对做好脱贫攻坚与乡村振兴相衔接有了几点新的认识和看法。

一、做好脱贫攻坚与乡村振兴衔接是当前农业农村工作的一项重要任务

当前农业农村发展进入了新时代，正处在一个重要的历史时期。到2020年，一方面脱贫攻坚要取得决定性胜利，贫困户要一个不落地全面进入小康，这是一个重大的历史任务；另一方面，乡村振兴要开好局起好步，要为实现农业农村现代化奠定坚实的基础。在这样一个“两个一百年”的历史交汇期，统筹推进和协调做好打赢脱贫攻坚战与乡村振兴的衔接，对农业农村的发展来说具有重要意义。如果搞得好，就能够使脱贫摘帽的农村地区和贫困人口，通过实施乡村振兴更好地巩固脱贫的成果，接续推动经济社会发展，更好地改善人民的生活。如果搞不好，就可能使脱贫摘帽的地区和人群出现返贫，脱贫的成果出现缩水，使这些地区与发达地区的差距越拉越大，继续成为农业农村发展的一个短板。因此，党中央高度重视这个问题，在2018年发布的《党中央国务院关于实施乡村振兴战略的意见》中，就首次提出了要做好实施乡村振兴战

略与打赢脱贫攻坚战有机衔接的任务，在乡村振兴中把脱贫攻坚作为一个重要的内容统筹安排。2019 年中央 1 号文件再次强调，做好脱贫攻坚与乡村振兴的衔接，要及早谋划脱贫攻坚完成后的战略。特别是党的十九届四中全会决定明确要健全解决相对贫困的机制。中央的决策部署很及时、很有针对性。现在脱贫攻坚正处在决胜的关键阶段，从调研看，各地区按照中央要求和当地实际，分门别类地抓三件事。一是加大攻坚和扶持力度，啃下深度贫困地区和特殊贫困人口这块硬骨头，使他们如期和全国人民一样，实现全面小康。二是已经摘帽的贫困人口和贫困县，采取切实措施巩固成果，防止和减少返贫。目前，全国 800 多个扶贫县，已经摘帽的有 400 多个，2019 年还有 200 多个县要摘帽，8 000 多万人已经有 6 000多万人脱贫，巩固脱贫的成果是当前面临的艰巨任务。三是脱贫攻坚完成后接续进入乡村振兴这个阶段，使贫困地区和贫困人口与全国人民一道实现农业农村现代化。无论脱贫先后都有一个乡村振兴与脱贫攻坚的衔接问题，做好这个衔接是当前农业农村工作特别是贫困地区“三农”工作的一个重要任务。

要认识到脱贫攻坚与乡村振兴这两大任务实际上是一个问题的两个方面，是相辅相成、有机统一的。

首先要看到，脱贫攻坚是乡村振兴的重要前提和优先任务。没有脱贫，全面小康就没有完成，就无从实现农业农村的现代化，这是一个前提。总书记在 2017 年底的中央农村工作会议强调乡村振兴的七条道路，就有一条是中国特色减贫之路，明确要把脱贫攻坚作为乡村振兴的优先任务。而乡村振兴是巩固脱贫成果、接续向前发展、最终实现共同富裕的重要保障和必然要求。

还要看到，两大任务的相互差异和不同特点。在目标要求上，脱贫攻坚重点在于解决“两不愁三保障”的问题，这是脱贫攻坚的主要内容，既不要抬高，也不要缩水。而乡村振兴是全面的振兴，概括讲就是五句话，产业兴旺、生态宜居、乡风文明、治理有效、生活富裕，它的要求是全面的，而且是更高层次的。在时间节点上，脱贫攻坚要求在2020年完成和收官，应该叫收官，而乡村振兴将伴随着农业农村现代化的整个过程。中央已规划2022年党的二十大以前，乡村振兴要实现什么目标；到2035年基本实现现代化时，乡村振兴要实现什么目标。所以，乡村振兴是一个长期任务，要久久为功。如果说脱贫攻坚是攻城拔寨的攻坚战，乡村振兴就是持之以恒的持久战。在实施对象上，脱贫攻坚是精准到贫困县、贫困乡、贫困村和贫困户。而乡村振兴是面对整个农业、农村、农民，就是要实现农村美、农业强、农民富。可以讲，脱贫攻坚和乡村振兴是“两个一百年”奋斗目标和中华民族伟大复兴中国梦在农村的具体体现，是我国整个大的历史进程中，不同阶段持续展开的重点任务。

二、做好脱贫攻坚与乡村振兴衔接，既有许多有利条件，又有不少困难和挑战

做好脱贫攻坚与乡村振兴衔接并不是件自然而然的事，需要做大量的工作。首先要看到，这几年脱贫攻坚为做好两项工作的衔接创造了不少有利条件。

一是贫困地区的产业发展有了很大的进展，一些地方利用自身的资源优势，大力发展特色农业、乡村旅游，逐步形成了产业规模。总书记讲产业脱贫是脱贫的根本途径。从调查来看，在脱贫的人口中，大体上50%能够通过产业发展脱贫，既就业，又增收，这是非常重要的。二是贫困地区的基础设施条件有了很大改善。尤其是水、电、路、气、房、通信，基本做到了全覆盖，虽然还需要不断升级，但发展的基本条件已经具备了。许多地方可以看到，这几年扶贫帮扶力度很大，移民村、贫困村面貌和基础设施条件有了很大改善，有的甚至比一般的村还要好。我也看了很多移民村，建的非常漂亮、非常超前，在基础设施建设上反过来形成了落差。三是贫困地区的人才保障状况有了很大改观。尤其是这些

年，各级党政组织充分发挥作用，组织和动员一大批优秀的人才，包括农业科技人才进村落户，开展帮扶。现在每个贫困村，不仅有第一书记，还有驻村工作队，这些新的血液、新的要素注入乡村，对乡村的发展起到了很大作用，为乡村振兴增添了动力。特别是这些年脱贫攻坚中积累的好经验，是推动脱贫攻坚和乡村振兴衔接的重要基础。

同时要认识到，做好脱贫攻坚与乡村振兴衔接也有一些问题需要认真研究和解决。

一是提高产业发展的市场化程度问题。只有贫困地区产业市场化程度提高，才能使产业持续发展，这个问题还没有完全解决好。对农业而言，一个产业的形成，没有五六年、七八年，是很难成形的。搞农业不能是短期行为，农业产业的发展有一个周期。这些年在扶贫过程中，政府这只手与市场这只手，政府这只手更硬些，导致一些贫困地区市场主体发育滞后，产业的市场化程度也不高，产业同质化倾向低水平重复比较严重，尤其是产业链和产业体系还没有完全形成。一个地区产业要振兴起来，靠单个帮扶项目，不形成一个产业链和产业体系是很难兴旺的。

二是激发内生动力和自身活力问题。脱贫攻坚是举全社会之力在推进，在这个过程中，一些贫困村和贫困户不同程度地存在“等、靠、要”思想，内生动力和自身活力明显不足。如何来调动他们的积极性，激发他们的主动性，仍然没有完全破题。这几年在脱贫攻坚中，中央反复要求，干部不能搞虚假脱贫、数字脱贫，群众要勤劳致富，不能养懒汉，既要解决干部形式主义的问题，又要解决群众内生动力不足的问题。只有贫困地区干部群众的主体意识不断增强，主动性积极性充分发挥，乡村振兴才有持久动力。

三是保持扶贫攻坚政策的稳定性和持续性问题。脱贫以后贫困地区和贫困群众最为关注这一问题，在脱贫攻坚期间，采取了许多扶贫的特殊政策、非常规手段。脱贫转入乡村振兴后，需要很好地研究把这些特殊政策转化为制度性安排，非常措施转化为规范化的工作。既不能长久特殊下去，又不能马上形成断崖，需要一套“扶上马、送一程”的可行办法。破解这个问题，要有顶层设计，要有基层探索。

三、做好脱贫攻坚与乡村振兴衔接需要抓住关键环节

脱贫攻坚与乡村振兴衔接要找准切入点，抓住关键环节。

1. 做好领导体制的衔接 我们的政治优势、制度优势，决定了任何事领导重视是关键。脱贫攻坚之所以取得明显的进展和成效，很重要的就是抓住了关键少数，党政领导高度重视，亲自抓，总负责。中央率先垂范，总书记亲力亲为带动和影响五级书记，形成了强有力的领导体制。乡村振兴要搞好，同样需要各级领导重视、各级领导亲自抓。中央明确要求、乡村振兴中央统一部署、省级总负责、市县亲自抓，把扶贫攻坚行之有效的领导体制移植到乡村振兴上面来。因此，脱贫攻坚完成以后各级应按中央要求把领导的精力和工作重心转到乡村振兴上来，尤其是在市县两级，切实要做到靶心不转，频道不换，接续做好乡村振兴工作。现在一些搞得早、搞得好的地方，在脱贫摘帽以后进一步充实和完善了乡村振兴领导体制，成立了乡村振兴领导小组，党政一把手任组长，健全工作班子、充实工作力量。同时，很好地总结借鉴扶贫工作考核机制和办法，扶贫考核尤其是现在搞第三方评估，对压实基层责任发挥了督促作用。应结合乡村振兴的实际，在脱贫攻坚基础上，完善考核办法，创新考核机制，做到科学合理，使基层能够接受，使乡村振兴和脱贫攻坚在考核指标方面有效衔接起来。

2. 做好发展规划的衔接 脱贫攻坚是有规划、有行动、有工程，搞得比较实。乡村振兴也应当有规划、有工程、有建设项目，

不能搞虚了。要结合脱贫攻坚的完成情况和乡村振兴新的目标要求，按照“缺什么、补什么”的原则，抓紧在完成脱贫攻坚规划的基础上做好乡村振兴规划。乡村振兴规划关键是抓好县、乡、村，中央发了规划指导性意见，有了制定好各级规划的纲要和要点，具体实施规划还要靠地方做，做好规划最重要的是从实际出发、实事求是。前些年新农村建设，不少村都搞了规划，但真正实施下去的并不多，既有实施条件不具备的问题，也有规划不符合实际的问题。因此，乡村振兴规划要对靶对标，从实际出发，既要讲必要性，也要讲可行性，这样才能不断地提高规划的质量，真正成为凝聚共识、推动发展的好规划。

3. 做好政策保障的衔接　脱贫攻坚有一整套系统的政策，包括人、地、资金、教育、医疗、住房等，都是一些特殊的安排，要很好地研究这些政策的衔接。要按照中央的要求向基层干部和贫困人口讲清楚，不是脱贫了政策就截止，应保持这些政策一定的延续性和过渡期。同时，要根据乡村振兴和农业农村现代化的新要求，不断地充实完善政策。今后的政策应更多带有普惠性和区域性，对相对贫困建立正常的帮扶机制，可随乡村振兴主要通过社会综合保障制度和区域产业发展来解决。

4. 做好重点举措的衔接　从农村情况看，主要是搞好三方面的衔接。产业发展举措的衔接，在脱贫产业发展的基础上，大力培育优势特色产业，加快构建生产体系、经营体系和产业体系，更好地发展新产业、新业态；基础设施建设项目的衔接，基础设施要进一步提档升级，尤其是解决好安全饮用水问题，不断健全基础设施的运行维护机制，充分发挥好基础设施的作用；公共服务保障水平的衔接，这方面的重点举措和工作都要与乡村振兴的要求衔接起来。

5. 做好工作队伍和人才的衔接　脱贫攻坚离不开人才的帮助，乡村振兴也离不开人才的支撑。在今后一个时期，城镇化仍然是我国发展的大趋势，农村人口往城里流是必然的现象，在这种背景下，怎么使农村变得有人气，是我们面临的一个难题。世界各国到了这个阶段都不同程度地出现过这样的难题，我们怎么解决，确实需要做很多工作。现在看来，一是留下一部分，脱贫攻坚完成以后，原来派到乡村去的人才和工作队伍，暂时还不能全撤，要创新方式和机制，适当留下一些人，就地转化，直接转换成乡村振兴工作队。二是引入一部分，通过落实好返乡、下乡创新创业政策措施，鼓励和支持城里的人才到农村去，这些年很多地方进行了积极探索，取得了很好的成效。有的是告老还乡的乡贤，帮助调停邻里纠纷，参与乡村治理；有的是专业人士，到乡村去促进经济发展，发展社会事业。三是培养部分乡土人才，这是根本性的措施。这些年搞了不少农村人才培养培训，标准不一样，有的还重复，乡土人才培养的体系架构、层次、专业还不够明确。每个部门在培训上都有积极性是好事，但要整合资源，形成合力，有计划有步骤地系统开展。

把握新时代农业机械化的基本特性

江泽林

在近几十年波澜壮阔的产业革命和社会变革过程中，我国农业发生了三个具有“千年意义”的变化：一是“面朝黄土背朝天”的农业劳作方式发生了根本变化，农业机械化总体水平接近 70%（2018 年达到 69%），农业劳动的一大半已由农业机械完成；二是“靠天吃饭”的农业生产状况发生了根本变化，农业水利基础设施建设水平大幅度提升，水利这一农业的命脉安全有所保障；三是种田交纳“皇粮国税”，这个延续 2 000 余年天经地义的国家赋税政策退出历史舞台，我国于 2006 年免除了农业税。这三个变化对中国农业发展影响深远，特别是农业机械化，在推动农业高质量发展、实现农业现代化方面具有重要意义。2019 年，是毛泽东同志提出“农业的根本出路在于机械化”① 这一论断 60 周年。经过六十载砥砺奋进，中国特色社会主义进入了新时代，农业农村发展进入实施乡村振兴战略、加快推进农业农村现代化的关键时期，农业机械化发展也将面临新机遇、新任务。在这样的背景下，准确把握新时代农业机械化的基本特性，既具有理论创新意义，也具有实践指导价值。围绕这一重大课题，本文从根本性、技术性、社会性和时代性等层面和角度，对把握新时代农业机械化的基本特性进行分析和探索。

① 《毛泽东文集（第八卷）》，人民出版社，1999 年。

一、把握新时代农业机械化的根本性

“没有农业机械化，就没有农业农村现代化”①。从农业近现代发展历程看，农业机械所发挥的作用不可替代，而且随着科技的不断创新和进步，农业机械的自动化、智能化水平加快提升，在推进农业生产方式转变、推动乡村振兴、保障粮食安全等方面的作用愈加突显。

（一）正确理解农业的根本出路在于机械化

在这方面，既有宝贵的理论探索，也有丰富的实践积累，从而使农业机械化是农业根本出路这个重大的理论和实践问题常说常新。

从理论层面看，有十分明确的科学指向。马克思在《资本论》中指出：“各种经济时代的区别，不在于生产什么，而在于怎样生产，用什么劳动资料生产”②。这一论断说明了生产力对经济发展的跨时代意义。列宁针对当时俄国农业生产的实际指出：“只有有了物质基础，只有有了技术，只有在农业中大规模地使用拖拉机和机器，只有大规模电气化，才能解决小农这个问题，才能像人们所说的使他们的整个心理健全起来”③。说明生产力对生产关系的决定性意义。毛泽东同志在深入分析我国农业具体实际的基础上指出：“农业的根本出路在于机械化。……用机械装备农业，是农、林、牧三结合大发展的决定性条件”④。高度肯定了农业机械在发展生产力、促进农业发展中的重要意义。邓小平同志在关于农村政

① 《国务院关于加快推进农业机械化和农机装备产业转型升级的指导意见》（国发〔2018〕42 号）。

② 《马克思恩格斯文集（第五卷）》，人民出版社，2009 年。

③ 《列宁选集（第四卷）》，人民出版社，1995 年。

④ 《毛泽东文集（第八卷）》，人民出版社，1999 年。

策问题谈话中提到发展生产力的四个条件，第一个条件就是机械化水平提高[①]。只有农业机械化水平提高了，才能真正实现生产力水平提高。党的十八大以来，习近平总书记就我国农业机械化问题提出了一系列重要论述，强调要“大力推进农业机械化、智能化，给农业现代化插上科技的翅膀”[②]。这些重要的阐述，为我们在不同历史时期的农业机械化发展提供了理论基础和科学指南。特别是习近平总书记的重要指示精神，为我们高质量发展农业机械化，加快推进农业农村现代化，进一步指明了路径、厘清了思路、提供了方法。

从实践层面看，有宝贵的经验以资借鉴。一是世界发达国家的农业现代化发展历程表明，农业机械化是农业现代化的必经阶段。大多数西方发达国家在实现农业机械化的基础上，先后在20～30年实现了农业现代化。在东方，日韩等发达国家的农业机械化也走在了前列。日本农业机械化发展始于20世纪40年代，到60年代全部实现农业机械化，特别是在水稻生产全程机械化方面处于世界领先水平，为其农业现代化居于世界先进行列奠定了物质技术基础。二是我国农业机械化的发展历程表明，农业机械化为实现农业现代化提供了有力支撑。中华人民共和国成立以来，我国始终把农业机械化作为农业现代化的一个重要战略目标，逐步建立起包括农机科研、制造、销售、培训、维修等较为完备的服务体系。从1979年开始，我国农业机械化进入了体制机制转换阶段，由于家庭联产承包责任制的实行，小型农机具开始大量发展。20世纪90年代中期后，农业机械化进入市场主导阶段，大中型拖拉机、联合收割机等农业机械的研发生产加快发展，以联合收割机跨区作业为代表的农机社会化服务模式逐渐发展，农业机械化水平持续提升。

① 《毛泽东　邓小平论中国国情》，中共中央党校出版社，1992年。

② 习近平总书记在深入推进东北振兴座谈会上的讲话，《人民日报》（2019年3月25日09版），http：//opinion. people. com. cn/n1/2019/0325/c1003－30992467. html。

从2004年开始，在国家财政补贴政策引领下，我国农业机械化快速发展，农业机械化作业开始主导农业生产方式变革，到2018年农作物耕种收综合机械化率超过69%（表1）。

表1 农业机械化率及农机购置补贴统计表

年份	机耕率（%）	机播率（%）	机收率（%）	耕种收综合机械化率（%）	农机购置补贴（中央财政）（亿元）
1978	40.90	8.90	2.10	19.66	—
1979	42.40	10.40	2.60	20.86	—
1980	43.43	10.90	3.10	21.57	—
1981	39.02	9.70	2.70	19.33	—
1982	39.10	9.40	3.20	19.42	—
1983	32.68	8.80	3.20	16.67	—
1984	33.98	8.60	3.30	17.16	—
1985	31.21	9.43	3.55	16.38	—
1986	32.54	9.12	3.41	16.78	—
1987	34.41	10.80	4.49	18.35	—
1988	36.58	11.66	5.37	19.74	—
1989	37.35	12.96	5.95	20.61	—
1990	39.07	15.00	7.00	22.23	—
1991	40.57	16.47	7.78	23.50	—
1992	41.59	17.72	9.10	24.68	—
1993	42.11	18.13	9.73	25.20	—
1994	42.36	18.97	10.48	25.78	—
1995	43.12	20.04	11.15	26.60	—
1996	44.45	21.38	12.03	27.80	—
1997	44.53	22.60	13.87	28.75	—
1998	46.18	24.67	15.07	30.39	—
1999	47.62	25.59	16.29	31.61	—
2000	47.75	25.75	18.26	32.30	—
2001	47.41	26.06	17.99	32.18	—
2002	47.13	26.64	18.30	32.34	—

（续）

年份	机耕率（%）	机播率（%）	机收率（%）	耕种收综合机械化率（%）	农机购置补贴（中央财政）（亿元）
2003	46.87	26.71	19.02	32.47	—
2004	48.90	28.84	20.36	34.32	0.7
2005	50.15	30.26	22.63	35.93	3
2006	55.39	32.00	25.11	39.29	6
2007	58.89	34.43	28.62	42.47	20
2008	62.92	37.74	31.19	45.85	40
2009	65.99	41.03	37.74	49.13	130
2010	69.61	43.04	38.41	52.28	154.93
2011	72.29	44.93	41.41	54.82	175
2012	74.11	47.37	44.40	57.17	215
2013	76.00	48.78	48.15	59.48	217.55
2014	77.48	50.75	51.29	61.60	237.55
2015	80.43	52.08	53.40	63.82	237.55
2016	81.40	52.76	56.01	65.19	237.55
2017	82.99	54.97	58.47	67.23	186
2018	84.03	56.93	61.39	69.10	186

近年来，农机与农艺、机械化与信息化、智能化加快融合，农机装备产业向高质量发展转型、农业机械化向全程全面高质高效升级、农机与农业适度规模经营相适应，为农业现代化发展奠定了坚实基础。

（二）深刻认识农业机械化是乡村振兴的物质技术基础

乡村振兴战略以实现农业农村现代化为总目标。农业机械化是农业农村现代化的物质技术基础。中共中央、国务院印发的《乡村振兴战略规划（2018—2022年）》指出，要推进我国农机装备和农业机械化转型升级，肯定了农业机械化在乡村振兴中的重要作用，赋予了农业机械化新的时代使命。

农业机械化有助于加快农业生产结构调整。农业机械是代替人工劳力、减轻劳动强度的生产工具，农业机械越能降低成本、代替活劳动，农民就越愿意使用，直接影响着农民的种植意愿。部分农作物种植过程复杂、技术要求高，专业农机发展相对滞后，机械化水平低，间接导致了作物种植规模越来越小。加快发展农业机械，能够推动农产品品种选育、农产品种植技术革新、农业生产资料质量提高，有利于推动种植结构和农业生产结构调整。

农业机械化有助于加快农业农村绿色发展。在传统的农业生产中，农药化肥的使用不当会对土地、环境造成破坏，对人类健康形成威胁。相比之下，使用农业机械能够一定程度上减少病虫灾害，进而在保证效果的同时减少化肥农药的使用量，促进农业生产绿色环保。另外，随着“精准农业”概念的提出，农业机械的发展也越来越朝着精准的方向发展，如发展具有保护性耕作的少耕、免耕农机产品，解决老式农业机械对土壤原始形态产生破坏，提高土地、水资源等自然资源的利用效率。

（三）牢牢把握农业机械化是粮食安全的重要保障

作为拥有 14 亿人口的粮食消费大国，必须要靠自己稳住粮食生产，“把饭碗端在自己手上，而且要装自己的粮食”[①]。一定意义上讲，粮食安全之根在很大程度上维系于农业机械化。只有推进农业机械化，才能实现“藏粮于地、藏粮于技”的重大战略，才能把我们的饭碗端在自己手里。

农业机械化是稳定和提升粮食综合生产能力的重要支撑。我国粮食消费刚性递增、耕地面积刚性递减的总趋势在今后相当长一段时间内将长期存在，保障全社会对粮食的刚性需求，必须在确保耕地红线不被突破的同时，稳定和提升粮食综合生产能力。使用农业

① 2018 年 9 月 25 日下午习近平在考察七星农场北大荒精准农业农机中心时的讲话，http：finance. sina. com. cn/roll. 2018 - 09 - 26/doc - ifxeuwwr8438460. shtml。

机械，可以实现更高效率的种植方式，实现深耕、深松等，提高土壤肥力，提高亩产量；也可以实现节水、节种、节肥，提高种植质量和效率，实现增产增收。

农业机械化是粮食生产防灾减灾的基本措施。粮食生产中的抗旱排涝、抢收抢种、病虫草害防治等重要作业环节，越来越离不开农业机械化技术。我国水、旱灾害频繁，以粮食大省吉林省为例，年际间产量因灾波动在100亿斤左右，水利机械化是更直接的防灾减灾、保产增产手段。实施大型农业机械深松整地，大大提高土壤蓄水保墒能力，如同修建“土壤水库”，抗旱防涝效果显著，农作物增产幅度可达10%左右。

农业机械化是粮食生产减损降耗的有效手段。减少粮食损失，就等于多打粮食。据统计，我国粮食生产后在脱粒、运输、烘干、储存等环节的损失率达8%～15%。南方的“霉变粮”、东北的“地趴粮”等现象，主要就在于烘干、机收等农业机械化技术应用不够所导致的，而农业机械化的大规模应用能够有效降低粮食损失。使用玉米籽粒收获机收获玉米，每公顷可减少粮食损失400～500千克；使用粮食烘干机，可快速降低粮食含水率，与自然干燥方式相比减少霉烂损失4%以上，能够有效保证粮食品质和粮食存储安全。

（四）始终坚持农业机械化是实现农业产业化和促进农民增收的重要途径

实现农业现代化转型，必然要走产业化发展道路。农业产业化发展要以农业生产分工协作为前提、农业规模化经营为依托。这就需要不断提升农业机械化水平，促进农业生产分工协作，推进农业适度规模经营，为农业产业化发展奠定坚实基础。从现实情况来看，当前农业生产面临土地、生产资料、劳动力等生产要素成本上升和市场价格下降的双重压力，收益能力下降，不利于提高农民收入，农业产业长远发展也受到制约。低成本、精细化的农业机械的使用，能够提高劳动生产率和土地产出率、降低单位农产品生产成本，有利于农产品质量控制，进而实现农业的产业化；同时，大规模、智能高效农业机械的使用，有利于提高农业生产的资金、技术投入能力，优化生产要素配置，实现集约化、规模化生产经营，推动和巩固农业生产专业化、产业化。

随着农业生产的分工协作和规模化经营，农民将有更多的途径摆脱单一收入来源现状，增加收入。如土地流转的规模将进一步扩大，更多农民可以获得土地流转的收益；有关农业生产性服务的需求将逐步扩大，农民可以从事与农业生产相关的服务，获得经营性收入；农业产业链将进一步延长，农民可以分享更多农产品增值带来的收益；农业产业化发展使产业间融合发展进一步深化，进而加速要素相对价格的变动，特别是劳动力价格相对机械要素价格更高，农户外出务工或在农村从事其他非农经营，亦可获得很好收入。

二、把握新时代农业机械化的技术性

农业机械化的技术性，就其特征而言，是工业技术与农业技术的结合与融合。这一点是由农业机械化的系统特点所决定的。农业机械化系统是工业系统和农业系统相结合而形成的新系统。这个新系统的要素是由工业系统与农业系统的“共轭”要素所组成的。由此，考察农业机械化系统技术特点，必须从工业技术与农业技术结合（农机与农艺）及其组织形式的协同性去研究，并在此基础上，展现农业机械化技术未来的发展。

（一）推动农机农艺融合发展

农机与农艺结合与否及结合程度在农业现代化发展中起着至关重要的作用。农机与农艺结合得好，农业机械化作业就会迅速发展；农机与农艺脱节或农艺的苛刻要求使机械化根本无法适应，或者农机的设计不能适应农艺的要求，就会制约农业生产发展。只有推动农机与农艺融合，实现二者相互配合、协调发展，才能提高生产率、降低生产成本，加快农业产业发展。

加快农机与农艺融合，要从两方面入手。一方面，提高农机生产能力。从农业生产工艺要求出发，以企业为主体、以市场为导向，提升核心技术和关键零部件的研发能力，以适应种养殖农艺、技术等为目标，发展适应规模化生产需要的大型复式农机和独具种养殖特点的高效农机。支持农机企业纵向延伸、横向拓展，突破基础材料、生产工艺等制约，向上下游产业发展，在农机装备类型、使用范围等方面寻求突破。提高农业机械科技成果转化率，完善相关法律法规、搭建成果转化平台，充分发挥科技在农业机械发展中的积极作用。培育具有国际竞争力的农机装备生产企业，推动素质高、实力强的农机装备生产企业融入全球产业体系。另一方面，要提升农艺适应农机水平。在农作物品种审定、耕作制度变革、产后加工工艺改进等过程中，将适应机械化作业作为重要目标，推进农作物品种、栽培养殖技术与农机装备相适应，构建高效的机械化生产体系。增强农艺的普适性，在研发农业机械的同时，也要加强对农作物种养殖技术的研究，提高农作物种养殖模式、工艺参数等技术指标的普适性，降低农业机械使用的专一性，扩大农业机械的适用范围。增强农机农艺研究的沟通协作，加强顶层设计，对农机农艺研究系统进行统筹协调，实现农机研究与农艺研究相融合，共同破解存在的难题，提高农作物生产“宜机化”水平。

（二）推动农业技术应用组织形式与工业技术应用条件相协同

农业机械化是工业与农业相互融合、相互促进、协同发展的技术、经济及社会成果。工业发展势必带来技术的革新，使农业生产技术进步成为可能，并进一步促进农业生产和管理方式改革。推动农业生产方式与工业生产方式融合，就是要用现代化的产业组织方式改革现有农业生产，加快推动农业现代化进程。

提高农业生产的组织化程度。当前，在我国农业生产发展阶段，虽然也存在着农业高新技术开发区、国有农场等现代农业生产方式，但是仍然有很大比例的农业生产延续着传统农业生产方式，农户自发组织，开展农产品生产、加工、经营活动，随意性强，质量、产量、生产工艺、产品品种等稳定性差。适应工业生产方式，采用工业理念和管理手段，提升农民生产技能，培养新型农民，优化资金、技术、劳动力资源等生产资料的合理配置，大幅提高农业生产的组织化程度，以市场为导向，大力发展绿色、有机、无公害农产品，实行标准化生产。

实现农业产业化发展。工业技术应用条件总是伴随着生产的规模化、专业化与产业化。传统农业以小农户为主体的生产方式局限性强、抗风险能力弱、缺乏规模效益。统筹谋划工业生产技术应用条件与农业生产组织方式的完善，能够提高农业生产效率，提高应对风险能力。要进行统筹规划、促进结构调整，实行农产品区域布局。充分考虑机械化生产需要，推进高标准农田建设和农村土地综合整治等方面制度、标准、规范和实施细则的制修订，从土地平整、设施完善、农电配套等方面着手，明确田间道路、田块长度宽度与平整度等参数指标，改善农机作业环境，拓展机械化发展空间。通过土地经营权流转等，减少小而零散的种植单元，实现连片作业，发展适度规模经营，优化资源配置。培育竞争力强的农产品品牌，构建完整的农产品生产、加工、销售产业链。

（三）推动农业机械化与智能化融合

信息化、智能化必须以机械化为基础，也是机械化的发展趋势和动力，随着传统农业向现代农业不断迈进，仅以代替手工操作、减轻人类劳动为目标的农业机械已经不能满足农业发展进步的需要。发展智慧农业，用信息技术来改造传统农业机械化的科研、教育、生产、流通、监督、管理、服务、装备等，以农业机械化夯实农业信息化的基础，以农业信息化带动农业机械化升级，是农业机械化高质量发展的基本要求。

加快智能化农机装备研发。智能化农机装备是机械化与信息化融合的硬件。目前，智能化农机装备还处在初级阶段，研发技术储备严重缺乏，品种少、信息集成度低、可靠性差、适用度低，还不能适应现代农业生产发展的需要。应当加快关键性智能农机装备的研发，包括农业信息快速获取技术与农业智能传感器、基于北斗卫星导航系统的定位与导航控制技术装备、大田作物全程智能化农机精准作业装备、基于物联网技术的设施环境远程监测与自动控制系统。加快农业机器人研发应用，形成一批具有自主知识产权的成熟产品。加快农机物联网技术研究，实现农业装备作业参数信息获取与智能控制一体化。

完善农业机械智能化发展标准体系。农业机械信息化、智能化快速发展，最重要的是系统兼容性，即统一农机智能化的标准。应加强农机智能化应用标准基础研究，增强农机与智能化的融合标准有效供给。积极参与国际标准制修订，实现农机智能化产品标准国际同步发展。

三、把握新时代农业机械化的社会性

农业机械化具有鲜明的农业技术和工业技术不断融合的特点，但是农业机械的使用与推广，并成为普遍的生产方式，则必然具备相应的经济与社会条件。另外，农业机械化又是社会经济发展的动力和变革力量。

（一）把握农业机械化与城镇化、城乡一体化相互促进关系

农业发展是城镇化的初始动力，城镇化也会反过来促进农业现代化发展。农业机械化作为农业重要的生产力组成，与城镇化之间存在着密切关系。有研究表明，我国农业机械化与城镇化之间具有

较为明显的相关性。在较长时期内，城镇化率增加一个单位（百分点），农业机械化水平将提高1.09个单位（百分点）①。

城镇化的发展为农业机械化创造了需求空间。城镇化快速发展，大量农村劳动力转移出农村，不再从事农业生产，务农人口快速下降，农业生产领域会出现大量劳动力缺口，农业生产对农业机械产生大量需求，这为农业适度规模经营、提高农业机械化率开辟了广阔空间。城镇化发展带来工业技术的进步，使研发和生产更高质量、更多品种的农业机械成为可能。城镇化的发展不断累积财富，为农业机械化发展提供了资金储备。

农业机械化的发展加速了新型城镇化的推进。农业机械化可以提高土地产出率，农产品极大丰富，为人口向城市聚集提供了基本的物质生活条件。农业机械化提高了农业劳动生产率，产生了大量农业剩余人口并向城市转移，促进了社会分工，为城市发展提供了充足劳动力。农业机械化发展可以稳定和提升农产品质量，为城镇提供更加优质的农产品，提升城镇化生活的质量。农业机械化发展还可以促使农业生产组织管理进一步优化，降低生产成本，提高生产效率，增加农民收入，进而促进农业现代化发展。

（二）充分发挥农机社会化服务对农业机械化发展的促进作用

农业机械化的社会性，在其实践性上表现为对社会化服务的依赖性。由于农业机械化不是单纯的技术问题，它需要社会组织为其发展创造条件。

农机社会化服务体系建设，既是发展农业机械化的重要内容，也是促进农业机械化发展的重要因素。长期以来，我国农机社会化服务体系建设经历了从无到有、从小到大的发展历程，逐步形成了涵盖作业服务和信息服务、机具维修和配件供应、农技推广和培训

① 侯方安、李斯华，我国农业机械化与城镇化关系的协整分析［J］．中国农机化学报，2015（3）：304。

等功能的各类型农机服务组织，在推动农业机械化全程全面高质量发展、降低农业用工成本、促进农业规模经营中发挥着重要作用。截至 2018 年，我国农机作业服务组织达到 18.7 万个，从业人员超过 5 000 万人，其中农机合作社 7 万个，在重要农时机耕、机播、机收、机械植保和机电灌溉作业等农机服务面积累计超过 60 亿亩次，农机社会化服务总收入 5 300 亿元[①]，是 1978 年的 4 400 多倍。

当前，我国进入了推动乡村振兴和农业现代化转型的关键时期，不断提升农业社会化服务分工协作水平，促进农机社会化服务提档升级，是发展现代农业的必然选择。我们应当探索建设“全程机械化＋综合农事服务”的“一站式”服务中心，延长服务链条、拓展服务领域，提升服务能力。同时，我国农业具有典型的“大国小农”特点，“目前，2.3 亿农户中经营耕地 10 亩以下的农户 2.1 亿户，即使 2030 年城镇化率达到 75％，预计仍将有 3.6 亿人口生活在农村，农民人均也只有 5 亩地”[②]。在我国农业现代化发展进程中，必然长期面临小农生产的现实。农机社会化服务必须充分重视这一现实，以服务规模化带动农业生产规模化经营，促进小农户与现代农业有机衔接。

（三）充分发挥农业机械化在促进农业技术升级及内部结构调整中的作用

农业机械化从无到有、从小到大、从低到高的演进过程，也是农业生产结构由粗放向精细、由分散向集约、由生存向生态的转变过程。在这个历史过程中，我国农业机械化发挥了重要的支撑作用。中华人民共和国成立后，我国农业机械由“传统农具加滚珠轴

① 张桃林，推动农业机械化发展不断取得成就——在 2019 年全国农业机械化工作会议上的讲话［J］. 农机科技推广，2019（4）：4－7。

② 王家忠，努力推进农机社会化服务提档升级［J］. 农机科技推广，2018（12）：6－10。

承”的半机械化向机械化迈进，农业生产逐步实现了由手工或畜力劳动向机械化生产转变，提高了生产效率。改革开放以来，农业生产机械化程度不断提高，进一步解放了大量农业劳动力，促使农业生产逐步向规模化经营转变。当前，我国正在建设现代化农业产业体系、生产体系、经营体系，我国农业生产的规模化程度将进一步提高，农业产业结构面临着新的一轮调整，必须更加合理地推进农业机械化发展，促进农业产业结构调整。

农业的规模化有利于农业机械化，同时农业机械化也有利于促进农业的规模化，要充分发挥农业机械化在促进农业规模化生产中的作用。在各类农业园区、家庭农场等的建设过程中，应当把建设高标准农田、完善农业基础设施与农业机械设备统筹考虑，是农业机械各作业环节高度协整、有机配合，发挥农业机械化的系统效能，最大限度地提高生产效率，降低生产成本，增强农产品国际竞争力。

农业机械化要适应农业区域生产力布局调整优化的需要。农业现代化要求我们必须在综合考虑自然条件、经济发展水平、市场需求等因素的基础上，以农业资源环境承载力为基准，构建优势区域布局和专业生产格局，提高农业生产与资源环境匹配度。这对农业机械化发展无疑具有促进作用，同时，农业机械化发展也要充分考虑不同生产布局对机械装备的不同需求。

发展农业机械化也要适应农业种养结构和产品结构优化的需要。要围绕“粮草兼顾、农牧结合、循环发展”和“改进品质、提升质量、创建品牌”等当前我国农业结构调整面临的重要任务，有针对性地推进农业机械化。要在主要作物主要环节加快发展的基础上，针对农业机械化发展中的短板和弱项，因地制宜、分类施策、差异化推动、适宜化发展，有序推进农业机械化由主要作物主要环节，向全程全面方向拓展。要兼顾蔬菜生产、畜牧、水产养殖和经济作物种植等主要环节的机械化，促进整个农业机械化水平的提高。

（四）充分释放农业机械化在促进乡村社会结构优化中的作用

当前阶段，农业机械仍然是农业先进生产力的重要组成部分，在很大程度上影响着农业生产关系形态，进而影响着乡村社会结构及乡村社会转型。要充分释放农业机械化在促进乡村社会结构优化中的作用。

农业机械化可以有效解决农业从业人员短缺问题。美国的农业人口是总人口的2%，却保障了全美人口的农产品需求，主要原因就是有赖于高度发达的农业机械化。当前，我国一定程度地面临“农业兼业化、农村空心化、农民老龄化”问题，“谁来种地、怎么种地”的问题尚未得到彻底解决。我们要充分发挥农业机械化的作用，做好“机器换人、机器替人、机器补人”的文章，有效解决农村劳动力向城镇和二三产业转移所带来的农业从业人员的短缺问题。

农机社会组织可以促进乡村治理结构改善。乡村转型一个很重要的方面就是治理结构的转型。一段时间以来，有些农村基层组织功能弱化，陷入了“穷家难当”的困境，急切地呼唤“有人管事、有钱办事、有章理事”的农村基层组织尽快成长起来。依托农业机械化建立起来的各类农机合作组织，所发挥的优势和作用是非常明显的。以《农民专业合作社法》颁布为标志，各地的合作组织很快呈星火燎原之势，而在各类合作组织之中，农机合作组织出现早、存活时间长、辐射和带动能力也很强，在发展经济、加强基层组织建设方面发挥着重要作用。很多农机合作组织是由党支部、村委会领办创办，实行村社合一、交叉任职、股份运营、统一管理，不仅增强了合作社本身的实力，更重要的是增强了党支部和村委会的实力，这种模式值得推而广之。同时，农业机械化发展带来各类农机服务组织的快速发展，为农村土地加快向农机服务组织集中流转创造了条件，进而促进村庄整合重组，改善乡村治理结构。

（五）充分释放农业机械化在改善农民队伍中的作用

农业机械化为培养造就更多的“爱农业、懂技术、善经营”的新型职业农民蓄积能量、创造条件。农业机械化对农业从业人员素质提出了更高的要求，这就要求农业生产和经营者不断学习新知识，跟上农业机械化技术进步的步伐，催生更多的新型职业农民。发展农业机械化，也将增加农业和农村对外界的吸引力，吸引更多返乡人员创业、工商资本下乡，促进农村人才加速成长。目前，全国农村实用人才总量已突破 2 000 万，其中新型职业农民超过 1 500万，农业科研人才总量 62.7 万，农技推广机构人员 55 万①。这部分群体长期浸润农机和农业生产，对一线的生产技术需求、难题及困难等都非常了解，是农村人才队伍的稳定力量，也是改善农民队伍的重要力量和基础。要建立完善遴选、培养和使用机制，造就更多相对稳定的乡土人才。

党的十八大以来，“大众创业、万众创新”给农村带来了更多的机会，农村不断涌现出一波又一波创业热潮。目前，全国返乡下乡创业创新人员达 740 万，非农创业人员达到 300 万，并一直保持两位数增幅，这其中农民工、大学生、退役军人和科技人员占大多数，平均年龄 40 岁左右，高中以上学历占 40%②。在这些返乡创业人员中，不少是“因机而返、因机而业、因机而兴”。这部分群体带着先进的技术、理念、管理等进入农业农村，并带动了更多的人力、财力、物力向农村流入，为农村人才队伍注入了新鲜血液，是推进农村转型和人才队伍改善的重要新生力量。从工商资本下乡的案例看，与农机化“联姻”的不仅数量多，融合效果好，发展后

① 此数据为 2019 年 3 月农业农村人才工作座谈会上公布，《加强新时代农业农村人才队伍建设为乡村振兴提供人才支撑》，载于《农民日报》2019 年 3 月 1 日 1 版。

② 此数据为 2018 年全国新农民新技术创业创新博览会上公布，《农业农村部就 2018 年全国新农民新技术创业创新博览会有关情况举行发布会》，http：//www.gov.cn/xinwen/2018－11/08/content _ 5338489.htm。

劲也足。各地在这方面探索和形成了不少好的经验和模式，值得总结和推广。

四、把握农业机械化的时代性

农业机械作为生产工具，具有划分经济时代标志性的作用和意义，具有时代性。“一个时代有一个时代的主题，一代人有一代人的使命”[①]。进入新时代，随着农业机械化转型升级步伐的加快和发展程度的提高，必将对“三农”事业发展产生重要的作用。当前和今后一个时期，要把握新时代农业机械化的时代性，肩负起农业机械化的时代使命。

（一）坚持农业机械化与乡村振兴战略协同推进

实施乡村振兴战略以实现农业农村现代化为总目标，而农业机械化是农村先进生产力的重要体现和农业现代化的重要标志。农业机械化能够提高农村生产力水平，促进农业规模化经营，进而推动农业生产关系变革和农村生活方式、治理体系的变革，实现乡村产业兴旺、生态宜居、乡风文明、治理有效、生活富裕等。当前，发展农业机械化，必须与乡村振兴的目标和要求相结合，向更宽领域、更高水平发展。

要围绕提升农业发展质量、培育乡村发展新动能，推进农业机械化转型升级。重视发展棉油糖、果菜茶等经济作物机械化种植，提升主要作物机械化种植水平；重视发展植保、秸秆处理、烘干等农机设备，提升粮食作物耕种收全过程机械化程度；重视发展养殖业、初级加工业、设施农业机械化设备，以及适合丘陵地区的农机设备，提升农机产品供给质量。通过提高农业机械化水平，推动农

① 2016 年 12 月 30 日习近平在全国政协新年茶话会上的讲话，http：www.xinhuanet.com/politics/2016－12/30/c－1120224040.htm。

业生产规模化、集约化、标准化、产业化，确保重要农产品供给，稳定提升农业综合生产能力，促进农村产业结构调整，实现产业兴旺。发展农业机械化服务行业，培育完善的社会化农业机械化服务体系，提高农业机械化服务水平，实现农业机械化水平量的增长和质的提高。

要推进绿色环保的农业机械化发展。农业机械技术的创新要服务于保护环境和解决环境问题，要着力发展绿色环保的农业机械，秸秆综合利用、深松等保护性耕作的农业机械，有效保护农村耕地，有效解决农民焚烧农作物秸秆所造成的环境污染、资源浪费等问题，促进农业可持续发展。农业机械本身要注重绿色环保，坚持低能耗、低排放理念，要尽可能减少对土地本身造成破坏，扩大农业机械的使用要以减少资源消耗、减少污染排放、减少生态破坏为重要前提。

坚持在农业机械化发展中贯彻以人为本的思想。农业机械化能改善农业生产条件，将人从繁重的体力劳动中解放出来，是和谐社会建设中以人为本思想的直接体现。发展农业机械化，必须要体现以人为本的思想，农业机械技术的创新和普及要体现人文化、人性化，始终围绕人的便利舒适、人机相宜进行设计、制造、生产与应用。

（二）统筹农业机械化与新型城镇化的发展要求

当前，我国正在推进以城乡统筹、城乡一体、产业互动、节约集约、生态宜居、和谐发展为基本特征，大中小城市、小城镇、新型农村社区协调发展、互促共进的新型城镇化建设。新时代新型城镇化建设必将带来农村经济结构和农业生产方式的深刻变化。农业机械化发展，必须重视和把握这些变化和要求。

要充分考虑新型城镇化进程中农村产业结构和模式的变化。随着新型城镇化不断发展，会对农业和农村的产品供给产生新的需求，农业生产什么、生产多少以及怎样生产都必须考虑这些需求变化，以保障新型城镇化发展的物质平衡和替换。城镇化深入发展促使城镇居民农产品消费升级，对多样化、绿色优质农产品的需求增加，促使农业生产面向这些需求开发农产品。这种城镇需求变化反过来也会影响农村生产生活方式变化。与之相适应，农业机械化也要适应农产品绿色、优质、多样化的需求，通过高质量多功能的农业机械提升农产品质量，实现农产品品质可控、可溯。城乡一体化发展进一步催生农村一二三产业融合发展的新业态、新模式。农业机械产品的供给要适应新业态、新模式的发展需求，如观光农业、休闲农业等，更强调消费者对农业生产本身的体验性和参与感，农业机械化也应考虑这些需求。

要充分考虑新型城镇化过程中农业劳动力构成的变化。新型城镇化会进一步影响农业劳动力构成。新型职业农民、女性劳动力及年长年幼的弱劳动力，承担着不同岗位的劳动，同时，还存在一定量兼业化的农民队伍。农业机械产品的供给要适应未来农业劳动力群体的年龄、性别、综合素质等，设计和生产符合实际使用人群的产品。

（三）顺应农业机械化与网络信息化融合发展趋势

随着第三次科技革命的到来，智慧农业、精准农业成为现代农业的必然趋势，农业机械化也必须与信息化技术深度融合。

发展基于现代信息技术的农机装备。加快发展基于北斗系统的农机作业和监测终端研制集成和应用推广。发展农业汽车拖拉机自动驾驶系统、机械化作业质量监控系统、农机具状态监测系统、CAN 总线技术系统等信息化、智能化设备。开展农机信息化示范农场建设，促进物联网、大数据、移动互联网、卫星定位等信息技术在农业生产领域的广泛应用。

提升农机信息化管理水平。信息化管理最重要的是技术前瞻性以及数据共享性。应制定统一的农机信息化发展标准和规划，避免各地自行建设，造成互不统一、互不兼容的“信息孤岛”。完善全国农业机械化电子政务信息平台，健全基础政务信息资源数据库，推进信息共享，推进中国农业机械化信息网与各省农业机械化网站、相关系统之间的信息共享。大力推进基于PC终端和移动终端的农业机械化生产管理、经营管理等信息服务与应急调度平台建设，实现重点农时机械化作业进度信息及时采集，跨区域作业快捷调度及饱和预警、农机作业信息供求双方的信息发布查询及自动推送、农机装备常见故障诊断等服务。

（四）培育新时代农机人才队伍

当前和今后一个时期，农机人才队伍建设应紧紧围绕乡村振兴战略、新型城镇化和农业机械化的时代任务，加强农机人才队伍培养。

坚持高端引领，抓好农机工程人才队伍建设。支持高等农业院校根据农机发展需求调整优化学科设置，扩大农机工程类研究生培养规模，创新探索农业装备研究生培养模式，为农业机械化发展输送更多研发专业人才。要扩大人才交流，坚持“引进来”和“走出去”有机结合，培养农机研发高端人才。依托重大科研项目实施和技术中试，加强产学合作、校企合作，培养复合型农机科研创新人才。引导科技人员向基层有序流动，深入生产一线开展服务。

面向未来发展趋势，抓好农机服务管理人才队伍建设。随着农业机械化水平的提高以及信息化、智能化的到来，农业机械化管理方式正在发生深刻变化。农机服务管理将越来越依靠部门协作，服务管理手段将不断创新，服务管理的科学性、规范性、精准性要求越来越高。我们必须未雨绸缪，深入研究和把握这些变化，加强农机服务管理人才培养，努力做到理论和工作研究、学科培养和实践锻炼相结合，尽快形成一支符合未来农机服务管理的人才队伍。

突出能力提升，抓好农机实用人才队伍建设。适应农机使用需要，有针对性地调整科研院所、高校和职业院校系统教育安排，以农业生产实践为载体，开展各有侧重的农机使用、维修、信息服务等各类人才培训。适应农机更新换代、农产品种养殖技术革新等农业生产升级需要，在农业生产一线选拔、跟踪培养农机实用骨干人才，使其成为农业生产、农机推广的中坚力量，提升科研成果与农业生产相结合的能力，提高科研成果转化率。

着力激发微观主体活力
保持经济持续健康发展

黄守宏

十三届全国人大二次会议审议通过了李克强总理所做的政府工作报告（以下简称报告）。报告深入贯彻习近平新时代中国特色社会主义思想和党的十九大精神，全面落实以习近平同志为核心的党中央的重大决策部署，系统总结了 2018 年政府工作，明确提出了 2019 年推动经济社会发展的总体要求、政策取向和重点任务，是做好 2019 年政府工作的纲领性文件。

一、来之不易的巨大成就

2018 年，我国发展面临多年少有的国内外复杂严峻形势。在以习近平同志为核心的党中央坚强领导下，在习近平新时代中国特色社会主义思想科学指导下，全国各族人民砥砺奋进、攻坚克难，完成全年经济社会发展主要目标任务，决胜全面建成小康社会又取得新的重大进展。

经济运行保持在合理区间，国内生产总值（GDP）增长 6.6%，总量突破 90 万亿元，对世界经济增长贡献率接近 30%。按照年平均汇率计算，我国经济总量相当于 13.6 万亿美元，人均接近 9 800 美元；增量约为 1.4 万亿美元，相当于 2017 年世界排名第 13 位的国家经济总量。经济结构不断优化，消费在经济增长中的主要拉动作用进一步增强，三次产业提质增效，全员劳动生产率提高 6.6%。发展新动能快速成长，新产业、新业态、新模式蓬勃发展，大众创业、万众创新深入推进。重点领域改革迈出新的步伐，市场准入负面清单制度全面实行，“放管服”改革力度加大。对外开放全方位扩大，共建“一带一路”取得重要进展，货物进出口总额超过 30 万亿元、增量相当于 2017 年全球贸易排名第 20 位国家的总量，实际使用外资再创历史新高。三大攻坚战开局良好，金融运行总体平稳，宏观杠杆率趋于稳定；农村贫困人口减少 1 386万人，易地扶贫搬迁 280 万人；主要污染物排放量大幅减少，单位国内生产总值能耗下降 3.1%。人民生活持续改善，居民人均可支配收入实际增长 6.5%；城镇新增就业 1 361 万人，年末全国城镇调查失业率 4.9%，实现了比较充分就业；居民消费价格上涨 2.1%；棚户区住房改造和农村危房改造惠及 2 000 多万人；全国居民恩格尔系数为 28.4%，下降 0.9 个百分点。

看似寻常最奇崛，成如容易却艰辛。2018 年的成绩，是在国际形势错综复杂、保护主义加剧，特别是中美经贸摩擦不利影响不断显现的环境中取得的，是在国内新老矛盾交织、结构转型阵痛凸显、经济出现新的下行压力的情况下取得的，是在政策选择和工作推进中两难多难问题明显增加的背景下取得的，确实来之不易。

2018 年，我们深入贯彻以习近平同志为核心的党中央决策部署，坚持稳中求进工作总基调，及时化解经济运行中的突出矛盾和中美经贸摩擦带来的不利影响，着力激发市场活力、增添内生动力、释放内需潜力。创新和完善宏观调控，坚持实施积极的财政政策、全年为企业和个人减税降费约 1.3 万亿元，坚持实施稳健的货币政策，着力缓解民营和小微企业融资难融资贵问题。制订和实施三大攻坚战行动方案。深化供给侧结构性改革，推进钢铁、煤炭行业市场化去产能，加强补短板、调结构投资，运用新技术、新模式改造传统产业。深入实施创新驱动发展战略，强化企业技术创新主体地位，制定支持双创深入发展的政策措施。加大改革开放力度，深化国资国企等改革，帮助民营企业解忧纾困；出台稳外贸政策，放宽外资准入限制。坚持在发展中保障和改善民生，及时出台稳就业举措，推动教育、文化、卫生、体育、社保等事业发展。

二、稳中求进、符合实际的发展目标和政策取向

2019年是新中国成立70周年，是全面建成小康社会、实现第一个百年奋斗目标的关键之年。做好政府工作，要在以习近平同志为核心的党中央坚强领导下，以习近平新时代中国特色社会主义思想为指导，全面贯彻党的十九大和十九届二中、三中全会精神，统筹推进“五位一体”总体布局，协调推进“四个全面”战略布局，坚持稳中求进工作总基调，坚持新发展理念，坚持推动高质量发展，坚持以供给侧结构性改革为主线，坚持深化市场化改革、扩大高水平开放，加快建设现代化经济体系，继续打好三大攻坚战，着力激发微观主体活力，创新和完善宏观调控，统筹推进稳增长、促改革、调结构、惠民生、防风险、保稳定工作，保持经济运行在合理区间，进一步稳就业、稳金融、稳外贸、稳外资、稳投资、稳预期，提振市场信心，增强人民群众获得感、幸福感、安全感，保持经济持续健康发展和社会大局稳定，为全面建成小康社会收官打下决定性基础，以优异成绩庆祝中华人民共和国成立70周年。

根据需要和可能，报告提出了2019年发展的主要预期目标。这些目标与2018年相比总体上保持了稳定，同时根据形势变化和推动高质量发展要求，有的作了适当调整。2019年，我国发展面临的环境更复杂更严峻、经济下行压力加大，宜实事求是适当调低增长预期目标，同时不稳定、不确定因素增多，经济增速在月度、季度之间难免出现一定幅度波动，预期目标应增加弹性。综合考虑多种因素，2019年适当降低了经济增长预期目标并采用区间方式，确定为6%～6.5%。这一增速，符合全面建成小康社会要求，能够确保实现新增就业目标，与当前我国经济增长潜力和国内外预期比较吻合。

报告强调，要正确把握宏观政策取向。积极的财政政策要加力

提效，加大减税降费力度。稳健的货币政策要松紧适度，广义货币 M_2 和社会融资规模增速要与国内生产总值名义增速相匹配。实施就业优先政策，并将其置于宏观政策层面。这既是为了化解新的不利因素影响、确保实现就业目标，也是着眼于促进劳动者整体素质提升，为推动高质量发展提供人力资本支撑。

报告强调，要继续坚持以供给侧结构性改革为主线，在“巩固、增强、提升、畅通”八个字上下功夫。继续打好三大攻坚战，精准发力、务求实效。要统筹好国内与国际的关系，凝心聚力办好自己的事；平衡好稳增长与防风险的关系，确保经济持续健康发展；处理好政府与市场的关系，依靠改革开放激发市场主体活力。我国有上亿市场主体，而且还在不断增加。只要市场主体有活力，就能增强内生发展动力、顶住经济下行压力。

三、以改革精神和办法推动工作部署落实

按照以习近平同志为核心的党中央的决策部署，报告对2019年政府工作作出了部署安排。我们要全面贯彻落实，特别应把握好贯穿报告部署中的要义和关键，着力抓好重点任务和重大政策落实，确保经济运行在合理区间，推动高质量发展。

一要把握好报告部署中深化改革、扩大开放的大逻辑。改革开放是推动我国发展取得巨大成就的重要法宝，有效应对当前的困难和挑战还得靠这个法宝。我们要坚持以供给侧结构性改革为主线，大力推进市场化改革，使市场在资源配置中起决定性作用。报告除对重点领域改革作出专门部署外，在各项工作部署中都贯穿了改革精神、有明确的改革要求。报告中“改革”一词高频次出现109处，这不仅是宣示推进改革的坚定决心，更是表明应对困难的指向、制定政策的取向和推进工作的导向。我们要以改革的思路和办法破解发展难题，更多运用市场化、法治化手段推动各项工作。报告对推动全方位对外开放作出部署。开放也是改革，而且会倒逼改

革。我们要以高水平开放带动改革全面深化。

二要把握好报告部署中激发市场主体活力、着力优化营商环境的重大举措。近几年，我国营商环境有了很大改善，国际排名大幅上升，但与市场主体期待还有较大差距。我们要瞄准营造国际一流营商环境目标，着力从简政、减税、降费和融资四个方面采取举措。第一是简政，就是要深化“放管服”改革，降低企业制度性交易成本。包括进一步放宽市场准入，继续削减行政审批和许可事项，以加强公正监管促进公平竞争，提供优质高效政务服务。第二是减税，就是着眼“放水养鱼”、增强发展后劲并考虑财政可持续，重点降低作为国民经济骨干支撑的制造业和吸纳就业主力军的小微企业税收负担。对小微企业实行普惠性减税政策，减轻负担约2 000亿元。制造业等行业增值税税率从16%降到13%，下调幅度是20%左右，减税规模约占整个增值税减税的85%。同时，确保部分行业税负有所下降，所有行业税负只减不增。第三是降费，既包括降低社保费这一制度性收费，也包括推动降低其他涉企收费和要素成本。报告指出各地城镇职工基本养老保险单位缴费比例可降至16%，这意味着32个省级单位（含新疆生产建设兵团）中有28个社保缴费可降3～4个百分点。考虑到目前小微企业社保缴费存在的诸多复杂情况，报告要求各地在征收体制改革过程中不得采取增加小微企业实际缴费负担的做法，务必使企业特别是小微企业社保缴费负担有实质性下降。报告明确继续执行阶段性降低失业和工伤保险费率政策，这将为企业减负近1 200亿元。同时，报告要求推动降低电价、过路过桥费用、中小企业宽带资费，专项治理中介服务收费。通过采取上述减税降费举措，企业负担将大幅减轻，其中全年税收和社保缴费负担减轻近2万亿元。第四是融资，就是着力解决企业特别是民营和小微企业融资难融资贵问题。报告提出适时运用数量与价格手段、加大对中小银行定向降准力度、增强大型商业银行信贷投放能力、完善金融机构考核机制等举措，既有从源头上增加信贷投放、降低贷款成本的安排，也有解决中梗阻和“最后一公里”的办法。以上四个方面的重要举措，直击当前市场主体的痛点和难点，是既公平又有效率的政策。

三要把握好报告部署中坚持创新引领发展、培育壮大新动能的战略布局。基于这些年我国创新发展的成功实践和新一轮世界科技革命与产业变革孕育兴起大势，报告提出，一方面要打造工业互联网平台，拓展“智能＋”，推动传统产业改造提升；另一方面要发展壮大新兴产业集群，坚持包容审慎监管，支持新业态、新模式发展，促进平台经济、共享经济健康成长。加快科技进步是推动创新发展、培育新动能的关键所在。报告围绕充分调动科技人员积极性，要求加大基础研究和应用基础研究支持力度、强化原始创新，赋予创新团队和领军人才更大的自主权。同时报告强调，进一步把双创引向深入，鼓励更多社会主体创新创业，集众智汇众力跑出中国创新“加速度”。

四要把握好报告部署中以人民为中心的发展思想。在财政平衡压力加大情况下，报告要求 2019 年基本民生投入确保只增不减，支持社会力量增加非基本公共服务供给。在就业方面，报告要求扎实做好重点群体就业工作，同时提出加快培养国家发展亟需的各类技术技能人才的举措，包括从失业保险基金结余中拿出 1 000 亿元用于 1 500 万人次以上的职工技能提升和转岗转业培训、高职院校扩招 100 万人。在促进城乡居民增收节支方面，报告提出很多政策措施，包括打好精准脱贫攻坚战，根治拖欠农民工工资问题，通过落实好新修订的个人所得税法、使符合减税政策的约 8 000 万元纳税人应享尽享，降低移动网络流量平均资费。在教育方面，2019 年中央财政用于教育的支出超过 1 万亿元，支持发展更加公平、更有质量的教育。在医疗卫生方面，2019 年要继续提高城乡居民基本医保财政补助标准和大病保险保障水平，实施癌症防治行动，把高血压、糖尿病等病的门诊用药纳入医保报销范围，将新增基本公共卫生服务财政补助经费全部用于村和社区。在改善群众生活条件方面，报告要求更好解决群众住房问题，推动城镇老旧小区改造。在社会保障方面，报告提出提高退休人员基本养老金和城乡低保、社会救助标准，通过发展社区养老服务业和婴幼儿照护服务解决好“一老一小”问题。报告提出的这些政策，既是改善民生的举措，更是推动发展的举措。从我国仍处于并将长期处于社会主义初级阶段、仍是世界最大发展中国家的基本国情出发，改善民生应既尽力而为又量力而行，形成经济发展和民生改善的良性循环。

加快蔬菜机械化发展是当前的紧迫任务

薛　亮

一、加快蔬菜机械化已到了十分紧迫的阶段

蔬菜是人们每天不可或缺的重要农产品。近年来蔬菜产业取得较快发展，目前全国种植面积达到3亿亩以上，总产量达到7亿吨以上，保证了全国各地全年市场供应；蔬菜品种日益丰富，质量不断提高，为提升城乡居民生活水平作出了重要贡献。蔬菜产业从种植到加工销售，吸纳了大量劳动力就业，据匡算，2018年全国蔬菜产值约2.2万亿元，净产值1.2万亿元，可使全国农村人口人均来自蔬菜产业的纯收入达到2 140多元。蔬菜产业为增加农民收入发挥了积极作用，同时也成为许多地区脱贫攻坚的突破口。因此，蔬菜产业是农业农村经济的重要支柱产业，同时又是一个重要的民生产业。

当前，我国农业发展进入了加快转型升级的历史阶段。农业面临成本上升、环境超载、动能减退的新的挑战，对此要推进农业供给侧结构性改革，提高农业的效益和竞争力，推进产业高质量发展成为中心任务。从蔬菜产业看，蔬菜生产是传统的劳动密集型产业。调研表明，大部分蔬菜生产的劳动力成本占总成本（不含租地成本）的比重超过50％，且呈现不断走高的态势，劳动力成本不断增大将成为蔬菜生产发展尤为突出的制约因素，而且目前在田间作业的大都是50岁以上的妇女和老人，传统的生产方式也将后继无人。因此，仅从用机械替代人工劳力这一点说，蔬菜机械化已十分紧迫。与我国主要粮食作物相比，目前蔬菜机械化水平非常低，

全国蔬菜生产综合机械化水平据测算在25%左右，而小麦、水稻、玉米的综合机械化率到2018年分别达到了96%、82%、88%。与世界上农业发达国家相比，美欧和日本等国除部分果菜和叶菜的收获尚需人工外，蔬菜生产各环节都基本实现了机械化，我国的差距巨大。我国的蔬菜机械化已到了必须加快发展的阶段。

加快蔬菜机械化具有重要的战略意义。这个战略意义至少有三个方面：第一，加快蔬菜机械化是蔬菜产业实施科学发展的需要。今后蔬菜产业要实现高质量发展，主要不是靠扩大面积和传统人工生产方式，而要靠科学技术和现代生产方式，因而机械化将成为促进蔬菜产业内涵式发展的主要支撑之一。第二，加快蔬菜机械化是提高蔬菜劳动生产率的根本途径。机械化可以替代人工劳动力作业，大幅度降低生产的人工成本和其他投入成本，大幅度提高劳动生产率和技术水平，从而大大提高蔬菜的产量、质量和效益。第三，加快蔬菜机械化是蔬菜生产实现标准化、集约化、专业化的保证。从发展看，机械化的功能不仅是替代人工，而且更重要的是靠机械新技术来实现以往靠人工“精耕细作”所无法达到的耕作和其他作业的高水平，机械化将与新科技的开发应用融会贯通、相互推进，通过科技进步来进一步提高土地产出率和资源利用率。因而可以说，蔬菜产业的根本出路在于机械化。在看得见的未来，随着一代老农民的消失，传统的以人工为主的生产模式必将发生根本性的转变，让位于以科学技术为支撑的机械化生产新模式。

二、加快蔬菜机械化的思路和建议

从现实情况看，我国的蔬菜机械化起步较晚，目前存在着诸多难题，面临着比大田粮食作物机械化更为复杂和困难的局面，主要表现在：一是蔬菜农艺复杂、地域差别大，农机研制难；二是蔬菜种植规模小，农机作业难；三是农艺农机脱节，农机配套难；四是蔬菜机械需求批量小，农机制造盈利难；五是蔬菜机械技术储备少，新科技应用难。对此，我们必须脚踏实地，从头干起，攻坚克难，以改革创新为动力，着力培育新动能、打造新业态、扶持新主体、拓展新渠道，加快推进蔬菜机械从设计、制造到应用的转型升级，促进蔬菜产业现代化发展。

随着现代科学技术的进步，机械化的内涵也将进一步拓展。农业是一个“自然＋人工”的生态系统，作业对象是具有无限变量、无规则的生物体，从这个意义上说，农业机械化将是科技水平要求最高的行业之一。它将包含自动化、信息化、智能化等前沿学科，应用智能识别、精确传感、自动控制等高新技术，以互联网、物联网、空间遥感和定位系统等为依托，形成一个综合的天地人机系统，从而带来农业包括蔬菜生产的新一代生产方式。与此相联系，必将产生一代有知识、有技术的新农民，我们现在面临的“将来谁来种地”的问题，将随着一代新农民的回归而得到解答。

加快蔬菜机械化应抓住以下几个关键点：

一是规划先行。国家有关主管部门要尽快制定蔬菜生产机械化的战略规划和顶层设计，明确总方向，确定重点领域，抓住关键技术，瞄准起步突破口，并且要把规划落实到年度计划和具体实施项目上。

二是创新农艺与农机结合新机制。蔬菜生产机械化发展的关键环节是农艺与农机相结合，蔬菜新品种育种、栽培模式与农机设计制造、作业方式等应互为条件、相互促进，应大力推动农业与农机部门间、企业间、企业与科研单位间的协同创新和集成创新。

三是加强蔬菜机械技术的攻关和创新。蔬菜农艺复杂既是农机发展的难点，也恰恰是它的创新点，应着眼于蔬菜生产全程机械化，不断在各个生产环节取得技术突破和进步；实行优化设计、优质材料、精密制造、自动控制，推进农业机械向高水平农机更新换代；引入信息技术、智能技术、识别技术、遥感技术等现代新技术，开发精准农业机械装备。要倡导专业研发机构与群众性发明创造结合，由于蔬菜农艺的复杂性和多样化，农民群众有许多奇思妙想和发明创造，农机专业研发机构及其科技人员应当到群众中去启发思路，并把群众的发明创造变为高性能的机械设备。

四是创新社会化服务新的生产组织形式。针对人多地少、生产规模普遍较小的国情，20 世纪 90 年代在农机作业领域首创了小麦跨区作业的社会化服务模式，现已广泛用于大田粮食作物，开辟了小生产农业同样能够实现规模化、现代化生产的道路。方向已经指明，道路已经开通，模式可以复制。在相比粮食作物更为分散的蔬菜领域，大力发展多种形式的农机社会化服务模式，发展规模化新型蔬菜生产经营主体和专业化农机服务经营主体，用社会化服务把分散的小生产联结成规模化的大生产，是解决蔬菜机械化面临一系列矛盾的重要途径。

五是政策保证。各级政府部门应在中央关于农业机械化发展的大政方针和《农业机械化促进法》指引下，制定加快蔬菜机械化发展的鼓励支持政策，激励蔬菜和农机行业不断创新前行，吸引更多的各方资源向蔬菜机械化倾斜投入，促进蔬菜机械化有一个飞跃发展。

在中央农村工作领导小组座谈会的发言

范小建

“做好实施乡村振兴战略与打好精准脱贫攻坚战的有机衔接”是2018年中央1号文件的明确要求。国务院扶贫开发领导小组专家咨询委员会将这个问题作为2019年重点研究的一个课题。上半年，我们组织力量对山东、甘肃等省进行了调研；下半年，我结合参加中央主题教育巡回督导组的机会又走了一些省份。从主题教育了解的情况看，明确和制定相关政策是各地高度关注的一个问题。结合这一时期调研和了解的情况，提出以下几点建议供参考。

一是澄清思想认识。打赢脱贫攻坚战，将消除绝对贫困，但相对贫困会长期存在。党的十九届四中全会的《决定》对“建立解决相对贫困的长效机制”已经提出了明确要求。不能理解为打完脱贫攻坚战，贫困问题就没有了。不平衡不充分是初级阶段的主要矛盾，解决相对贫困是乡村振兴的重要内容，是题中应有之义。不能因为打赢了攻坚战对解决贫困问题就有所放松，更要防止出现在思想上弱化扶贫的倾向。东部各省早就希望对建立解决相对贫困长效机制有个说法，中西部各省已经有436个贫困县摘帽，今年还将有330个贫困县摘帽，要巩固脱贫成果防止返贫，一个重要措施、甚至可以说是根本性措施就是要建立解决相对贫困的长效机制。这一点在思想上应该非常明确。

二是理清工作思路。要防止“扶贫”与“发展”两张皮，防止脱贫攻坚和乡村振兴互相排斥的现象。中央文件已经讲得非常清楚，脱贫攻坚期内，贫困地区乡村振兴的优先任务是脱贫攻坚。摘帽后的贫困地区要通过乡村振兴巩固脱贫成果。那种认为“要打完攻坚战再搞乡村振兴”的看法，对巩固脱贫成果十分不利。在乡村振兴规划实施过程中，应注意多方面建立和完善带贫机制和制度，这应该是“治理有效”的重要内容。20 世纪 50 年代，合作化的一个重要目标是防止两极分化，但后来搞得太“左”，走了弯路，“一大二公、平均主义”挫伤了农民积极性，生产力发展受到抑制；改革开放废除了人民公社制度，家庭承包调动了农民积极性，解放了生产力，但后来又出现了收入差距的扩大。要充分肯定消除绝对贫困的伟大历史功绩，同时还要注意城乡基尼系数，2015 年以来已经连续 4 年上升，2018 年为 0.468；农村居民人均可支配收入五等分组高低收入比值，已经从 2002 年的 6.88 倍提升到了 2017 年的 9.48 倍。我们一直在致力于缩小城乡收入差距，今后应该明确，基尼系数和农户高低收入比值不应该再进一步扩大。解决相对贫困，在政策和体制机制上应该有进一步的体现。

三是明确攻坚最后阶段的工作着力点。从多方了解的情况看，按现行标准，建档立卡贫困户的收入问题已不是当前工作的主要矛盾。各地各部门应该统一思想，将攻坚最后阶段的工作着力点真正放在解决“两不愁三保障”的突出问题上，尤其是“三保障”中的薄弱环节。建议各部门加强协调，摸清底数，聚焦突出问题，在脱贫攻坚冲刺期内有效解决教育、卫生、住房、饮水安全等相关问题。扶贫资源、涉农资金的整合调配应服从于最后攻坚阶段的需求，确保如期保质保量完成攻坚任务。产业扶贫是巩固脱贫成果的重要措施，但扶贫产业的发展不可能一蹴而就，越是深度贫困地区，产业发展难度越大。在最后攻坚阶段，越急于求成，越不能持久。产业扶贫要与乡村振兴有机衔接才可以持续。

四是探索解决“略高于”问题。中央反复强调，打好精准脱贫攻坚战，要努力提高现行标准下的脱贫质量，既不降低标准，也不吊高胃口。同时，总书记明确提出“要研究解决那些收入水平略高于建档立卡贫困户的群众缺乏政策支持的问题”。要防止简单地用提高标准的办法解决“略高于”的问题。解决“略高于”的问题基层有强烈呼声，但如何解决，尚无一致意见。一些地方担心，再画一条线，又会有人来“争当”贫困户，而且还会产生新的边缘户。因此，有人建议，不是用提高标准的办法，而是对那些收入水平略高于建档立卡贫困户的群体进行具体分析、划分类型、因人因户而异，提供合理政策支持。何况，攻坚战只有一年多时间，还要考虑与建立相对贫困长效机制相衔接。因此，建议加强调研，广泛听取各地不同意见，暂不提统一要求。

五是开展在档贫困人口的结构分析。脱贫攻坚与乡村振兴两项工作衔接的首要任务是巩固脱贫成果。中央已经明确摘帽后“四个不脱”，其中一个重要内容是“脱贫不脱政策”。由于各地发展水平存在巨大差异，享受脱贫政策的人口结构有很大不同，哪些人已经稳定脱贫？哪些人需要长期兜底？哪些人是脆弱群体？需要长期扶持，现行政策要持续多长时间，需要进行结构分析。一些地方已经在进行这方面的探索。建议各省对目前享受脱贫政策的农村人口进行结构性分析，摸清需要采取各类不同措施的人口底数，并与解决相对贫困长效机制相衔接，分类制定巩固脱贫成果的政策措施。

六是完善扶贫资产管理。目前，脱贫攻坚所形成的扶贫资产投入规模巨大。我们在甘肃解剖了一个摘帽村（永登县奖俊埠村）。脱贫攻坚战以来，政府投资总计 1 486 万元，按照该村 2018 年总人口 1 373 人计算，人均投资 1.08 万元。对于该村建档立卡贫困人口 431 人而言，人均投资 3.45 万元。在总投入中，到村经营性投入约占 10%。由于该村 2000 年已经通电，2012 年又通了自来水，通信网络由相关企业投资建设，所以这个村在这一轮的投入水平在村一级应属于中等偏低水平。按此匡算，本轮脱贫攻坚共有 12.8 万个村，如果每村投资 1 500 万元，总投资约为 1.9 万亿元（不包含到户的生产性支持措施）。如每村有 150 万户经营性资产，12.8 万个村就是 1 920 亿元。若按照每年 8%的分红收益率计算，每年集体收益为150多亿元，这是乡村振兴的一笔巨额财富和重要物质基础。建议由农业农村部、财政部、国务院扶贫办等有关部门对扶贫资产管理问题开展专题调查和研究，明确产权，健全管理制度，防止脱贫攻坚战之后由于管理脱节出现资产流失，要形成可持续的长效机制。这是“治理有效”的重要内容。

七是扶贫车间与产业振兴。许多地方把扶贫车间作为稳定脱贫的重要抓手，为脱贫攻坚和乡村振兴发挥了重要作用。菏泽市目前已经建成运营的扶贫车间3 555个，形成八大产业81个门类，直接安置和带动30.5万名群众在家门口就业，其中9.7万名群众稳定脱贫。调研组发现，扶贫车间初步形成了明确的利益联结机制和稳定的带贫机制。这其中，村集体因扶贫车间形成的集体资产和租金而受益；贫困户和低收入群众因此增加了就业机会和工资收入；运营企业和承包人又因为扶贫车间的廉价租金、用工和贷款贴息等而获益。调研的6个扶贫车间，村集体年租金收益每个在2万元左右，一部分用于资助贫困户，一部分用于公益事业。参加劳动的农民每人每天的工资在20～140元。发制品车间因工作简单，工资较低，就业的群体以中老年妇女为主；代工国外品牌服装的车间，对技术要求略高，就业群体以年轻妇女为主，工资也较高。与过去乡镇企业的发展相比较，扶贫车间的发展环境有所不同。一方面，沿海劳动密集型产业在成本不断提高的情况下被迫进行产业转移，正在寻找出路；另一方面，农村老弱劳力和留守妇女也在寻找就地就近就业的办法。扶贫车间的出现为劳动密集型产业提供了一个低成本产业转移的选择机会，双方一拍即合。扶贫车间既使劳动密集型产业提高了竞争力，也为县域经济发展注入了活力。作为乡村振兴“产业兴旺”的一支重要力量，能否长期发展，要看政策。在乡村振兴过程中应进一步发挥扶贫车间的作用。

八是有序推进农村小额信贷。脱贫攻坚期间，扶贫贷款对农村产业发展发挥了积极作用。到2018年底，已累计发放5 411亿元，贷款余额为2 897亿元。为了防范金融风险，各地加大了不良贷款的回收力度。2017年，扶贫小额贷款中“户借企用、户贷企还”的做法被纠正，扶贫龙头企业贷款难的问题一直没有得到有效解决。为此，一些地方陆续出台了一些财政帮扶措施，加大对龙头企业的支持，如使用财政到户扶贫资金和扶持集体经济组织资金入股、地方财政贴息等办法给予扶持，并要求企业承担相应带贫义务，发挥了一定的积极作用。从长远看，乡村振兴过程中，农村小额信贷在促进“产业兴旺”方面必将扮演重要角色。财政资金应主要用于基础设施、公共事业等，如用于经营性项目则主要是发挥“四两拨千斤”的引导作用。信贷资金应是支持产业发展主要和持久的力量。此外，在建档立卡贫困户相继退出后，农村小额信贷不仅不应该停止，而且应继续加大推广力度。建议金融部门会同农业农村、扶贫部门深入研究，出台针对农村弱势群体、中小农户的信贷政策和制度安排。各地应做好信贷资金管理工作，积极防范金融风险。

九是把解决生态贫困持续放在重要位置。生态贫困既是影响脱贫攻坚的深层次问题，又是制约乡村振兴的根本性问题。生态贫困的解决不是短期内可以实现的，而是一项中长期持久攻坚任务。以甘肃省为例，甘肃地处黄土高原，生态环境恶劣、自然资源匮乏，尤其是水资源极度匮乏，成为甘肃农村人口致贫的直接原发性原因，制约着甘肃农业与农村经济的持续发展，也制约了大量扶贫资金效益的充分发挥。但一些地方在总结脱贫攻坚经验时，往往对生态致贫因素重视不够，对于如何防灾避灾、采取突破性的应对措施缺乏探索。甘肃极度缺水的东乡县与引大入秦工程实施后产业发展势头良好的永登县之间发展对比十分鲜明。这种反差的根本原因在于水资源是否得到有效解决。深度贫困地区大多是生态型贫困地区，而生态贫困又带有典型的区域性、系统性特点，这对巩固脱贫攻坚成果是一个巨大挑战，应提高重视程度，加大解决力度。在乡村振兴过程中，实现“生态宜居”目标，应把解决生态型贫困问题始终放在重要位置，长期关注，加大力度，有效解决。

此外，从组织领导角度讲，需要进一步探索建立脱贫攻坚与乡村振兴融合发展的议事工作机制，实现工作有效有序协同推进。目前，各地已有一些探索。从全国看，脱贫攻坚与乡村振兴衔接的体制机制和政策等问题，应由农业农村、扶贫等相关部门组织力量共同调研为宜。

三、《判断与思考》简报专家文章

脱贫攻坚与乡村振兴有机衔接需要解决扶贫资产管理“三缺三难”问题

吕开宇　施海波　李　芸　张　姝　郭君平　王明昊

为进一步了解产业扶贫资产管理与使用情况，2018 年 7～8 月，中国农业科学院农业经济与发展研究所课题组深入安徽、四川等省份，分别就光伏、特色农业、旅游等扶贫资产开展专项调研，实地考察了多个产业扶贫基地，并与各级产业扶贫相关部门负责同志、新型农业经营主体、普通农户及贫困户等进行座谈交流。

从调研情况看，部分地区在创新产业扶贫资产管理与使用方面进行了有益的实践探索，但也出现了一些亟须引起关注并抓紧解决的问题：一是资产确权依据缺，逐一登记造册难。虽然目前少数地区对资产确权做了有益探索，但国家层面仍没有一套权威、全面、统一的确权方法体系，致使投入资金与形成资产之间难以做到一一匹配，基层单位在对扶贫资产进行逐一登记造册时困难重重，难以准确分类、合理造册。如青川县 2018 年旅游扶贫专项资金投入仅 150 万元，而其他职能部门和新型农业经营主体、贫困户相关资金投入相对较多，不仅数量难以统计，而且历史形成资产的资金渠道也难以厘清。二是监管运营机制缺，风险防范化解难。体制机制上，各地监管“三定方案”（定机构、定编制、定职能）难以落地生根，出现“无人管与多头管”或“管不了与还想管”并存的困局。扶贫产业同质化情况比较普遍，对扶贫产业发展的事前、事中、事后存在的自然风险、技术风险、市场风险，缺乏准确的研判与评估，更缺少化解风险的处置预案，影响资产的保值增值。如苍溪县猕猴桃产业由于疫病抵御能力薄弱，2018 年全县猕猴桃溃疡病发病面积高达6万多亩，直接经济损失约3.2亿元，一定程度制约着猕猴桃扶贫产业的健康稳定发展。三是收益分配规范缺，持续助力脱贫难。在确定扶贫资产的受益主体及股权配置和分红比例时，公开民主、规范透明的程序不够规范，很多时候是县、乡政府甚至村委会直接与带贫主体议定分配方案。调研发现，苍溪县一些村的村民代表、村务监督委员会及集体经济组织内部监事会等，存在主体监督作用发挥不充分、对村集体成立公司监督不到位等情况。此外，发展产业同壮大集体经济和激发贫困户内生动力结合不够紧密，扶贫资产难以持续发挥带贫效应，脱贫攻坚与乡村振兴的有机衔接不够紧密。

站在脱贫攻坚和乡村振兴两大战略有机衔接的重要关口，产业扶贫资产被赋予了“推进资产收益扶贫”与“点旺乡村产业之火”的历史使命，破解产业扶贫资产“三缺三难”问题已经刻不容缓。为此，课题组从产业扶贫资产形成的前、中、后三个阶段，提出了如下建议：

（一）完善顶层制度设计，精准确权登记造册

一是在顶层设计上，将产业扶贫资产确权与促进农村产权制度改革、壮大贫困村集体经济和推动农业供给侧结构性改革等紧密结合，加大对资产产权界定的经济学、法学和社会学研究，以提高资产质量和可持续性为核心，管好、用好、用活各类资产。二是以县为单位，对历史扶贫资产通过逐一清理、登记、确权、处置等方式，追溯和界定资产权属，建立县、乡、村三级扶贫资产登记和台账管理制度。三是针对在建和将建的产业扶贫项目，根据农村集体产权制度改革的总体要求，按照“明确所有权、放活经营权、确保收益权、落实监督权”的总体要求，从源头明确各类扶贫资产的权属关系。

（二）构建监管运营机制，提高风险防控能力

一是加快出台产业扶贫资产监管营运相关指导意见，明确扶贫

部门的综合协调指导职能，加强相关职能部门的横向联动纵向协作。二是立足本地资源条件，选好、选准产业项目，提升特色扶贫产业质量；选优、选精实施主体，构建民主决策和市场选择机制，着力解决主体带贫能力弱的问题。三是加强产业发展风险研判评估论证工作，构建完善的产业扶贫综合信息服务体系，提升信息服务水平，建立健全多主体、多渠道的风险分担机制，设立产业扶贫风险补偿基金，拓展自然灾害和价格指数保险在产业扶贫领域运用，有效防范和化解产业扶贫面临的各类风险，巩固带贫减贫成果。

（三）规范收益分配方案，做好战略有机衔接

一是脱贫攻坚期内，按照同股同权原则分配收益，逐步改变资产折股量化到户的做法，收益主要用于壮大村集体经济，由村集体通过设置扶贫公益岗位等方式进行二次分配，适时动态调整扶贫资产受益对象。二是制订收益分配指导办法，明确分配方案议定主体，确保方案在增强村集体经济和涉农产业的同时，能有效激发贫困户内生动力，变消极脱贫为积极脱贫、变“要我脱贫”为“我要脱贫”。三是脱贫攻坚期后，继续保持扶贫资产的扶贫和公共属性，确保产生的收益主要继续用于改善农村相对贫困人口的生产生活条件，继续支持农村人居环境改善、村级公共事业建设、公益事业发展等乡村振兴关键领域和薄弱环节。

水资源约束下粮食安全问题再思考

牛坤玉　钟　钰

联合国开发计划署在2016年《人类发展报告》中指出，水资源短缺会成为未来几十年制约粮食产量增长的主要因素。全国农业可持续发展规划（2015—2030年）指出，水资源是我国最紧缺的资源投入要素之一，要实施红线管理。我国高度重视国际国内资源的统筹利用，2019年中央1号文件和2019年政府工作报告再次强调“统筹用好国际国内两个市场、两种资源”。农业是用水大户，应尽早统筹对内合理布局、对外利用好国际市场，为长远粮食安全赢得一份保障。

一、我国的粮食生产与水资源利用特征

1. 我国用全球6.5%的水资源生产了全球25%的粮食　我国可再生内陆淡水资源总量占到世界可再生水资源总量的6.5%，人均资源量仅有2 000立方米/年，大概相当于世界平均水平的1/3，是世界水资源最贫乏的14个国家之一。而粮食产量却常年维持在世界总产量的25%左右，与整个欧洲的粮食产量相当。

2. 我国粮食生产布局与水资源分布失衡问题突出　近年来，粮食主产区的播种面积和产量集中度增加趋势明显。2000—2018年，13个主产省份的粮食产量占全国比重从70.5%上升到78.7%，而主产省份境内可再生水资源总量仅占到全国总量的38%。在一些产粮大省，水资源短缺和粮食生产矛盾更加凸显，如黑龙江、河北、河南和山东的粮食产量占全国粮食总产量的30%，

而境内可再生水资源量仅占到全国水资源总量的5.7%。

3. 一些粮食生产大省均出现不同程度的水资源过度利用问题 近年来，黑龙江粮食作物播种面积增长迅速，2018年粮食播种面积比2000年增加了81%，特别水稻种植面积是2000年的2.5倍，地下水资源出现明显超采态势。在河南邓州调研时，当地政府工作人员反映，过去每50亩耕地就会有1块水坑（自然湿地），现在水坑都用来种田，带来了水资源不可持续利用的问题。河南从新中国成立初期的湿润半湿润地区变成了干旱半干旱地区，过去“三铁锹可以见水”，现在要打井到10米左右才能取到地下水。河北省由于部分区域地下水严重超采，2018年被迫调减冬小麦面积61.5万亩，北方水资源短缺对粮食安全的威胁已经凸显。

4. 库存偏高过高加剧水资源短缺压力，威胁长远的粮食安全 近年来我国三大主粮库存消费比持续上升，远高于发达国家和世界平均水平。三大主粮的库存消费比从2010—2011年度的33%上升到2017—2018年度的87%，同期美国库存消费比维持在11.6%～20.9%，欧盟则维持在7.4%～10.2%的较低水平，世界的粮食库存消费比在19%～29%。据核算，近5年我国净入库的三大谷物所含虚拟水量大约在547亿吨/年，相当于我国农业总用水量的15%，相当于黄河每年的径流量，相当于河北省和河南省境内水资源量的总和。超额储备在保障近期粮食产量安全的同时，也带来水资源短缺等新的不安全问题，进而威胁到长远的粮食生产安全。

二、我国农业虚拟水资源贸易情况

“虚拟水”指在生产产品和服务中所需要的水资源数量，通过模拟核算我国以国际贸易为载体进出口的农业水资源量，发现我国“虚拟水”贸易具有以下典型特征。

1. 总体上看我国农业虚拟水资源呈净进口状态 我国虚拟水资源贸易与农业对外开放步伐密切相关。2003年，我国的农业虚拟水资源进出口基本平衡，加入 WTO 以后，农业虚拟水资源进口量随着对外开放程度的加大呈现持续扩大的势头。最新核算数据显示，2015 年我国通过国际贸易进口了 440 亿吨农业虚拟水资源，同时向别国出口了 174 亿吨，净进口 266 亿吨，这个数值是河北省境内可再生水资源量的 2 倍。

2. 依托地缘关系更多利用了周边国农业水资源 我国进口农业虚拟用水最多的前几个国家有缅甸、印度、美国、泰国、印度尼西亚和越南。通过农业、建筑业、食品和饮料制造业的直接或间接需求净进口上述国家 308 亿吨农业虚拟水资源，约占到国内农业用水的 10%。除美国外，其他国家均属于“一带一路”沿线国家，且与我国地缘关系较近，是我国重要的贸易合作伙伴。

3. 我国向发达国家和地区出口了大量农业虚拟水资源 我国在利用周边国家水资源的同时，也向发达国家和地区出口大量农业虚拟水资源，出口较多的前几个国家和区域分别为日本、中国香港、美国、韩国、德国、意大利及英国，主要集中在东亚、欧洲和北美地区，均为较发达经济体，我国向他们出口农业虚拟水资源为 104 亿吨，约占我国国内农业虚拟水资源消耗的 3%。我国向这些国家和地区出口食品、饮料、纺织、服装、餐饮、住宿、医疗卫生等产品和服务，这些产品和服务引发对农产品需求，进而消耗我国农业水资源。

三、我国农业生产面临的水资源压力严峻

1. 我国农业虚拟水进口量被以往研究高估 加入 WTO 以来，虽然我国农产品的贸易逆差持续扩大，但其他行业如纺织、服装等行业为贸易顺差，其他行业产品的生产和制造也会间接对农产品生产产生需求，进而对农业用水产生需求。以往研究仅核算了农产品进口引起的虚拟水进口量，而没有核算其他行业产品的出口间接消耗的农业水资源，造成虚拟水净进口量被高估了近 2 倍。

2. 库存粮食消耗的水资源折抵了进口带来的资源红利 尽管我国通过农产品进口也利用了他国的水资源，但国内的水资源压力并没有因此而缓解。在大量进口农产品同时，国内耕地没有休养生息，仍在开足马力生产，大量的粮食进入库存。近5年我国净入库的三大谷物（小麦、稻米、玉米）所含虚拟水量大约每年在547亿吨，超过了从其他国家净进口的虚拟水资源，约为虚拟水资源净进口量的2倍，相当于河北省和河南省境内水资源量的总和。

3. 周边国家水资源过度利用威胁到我国水资源安全 周边国家水资源利用效率低，单位产值水耗高，缅甸、印度、泰国、印度尼西亚和越南生产1吨粮食的水耗分别是美国的2.5倍、5.9倍、3.9倍、2.4倍和3.8倍。我国与周边国家拥有多条跨界国际河流，在流域水资源利用上具有共享性、竞争性、互通性及相互影响性，由于周边国家的水资源过度利用，会进一步导致我国境内水资源保有量下降，影响到我国的用水配额。另外，我国与周边国家存在不同程度的水资源权属争议，跨区域水资源的过度利用会进一步加剧国际纷争，增加我国地缘政治的不稳定性。

4. 国内水资源短缺地区生产和出口了高耗水的农产品 我国粮食生产大省很多位于北方极度缺水区。华北平原每年超采地下水100亿吨，超采量相当于其境内可再生水资源量的13%。同时，水资源密集型农产品如稻米出口区域也多分布在华北平原、东北三省等水资源匮乏且地下水严重超采区。如2017年我国稻谷、大米出口量为119.68万吨，其中，黑龙江、辽宁、吉林以及山东的出口量占到73.2%。虽然出口量不大，但比起进口其他国家丰水地区生产的稻米，我国在水资源匮乏地区出口水资源密集型农产品付出的资源环境代价巨大。

四、主要建议

1. 将资源和环境影响纳入粮食安全保障的决策体系 我国主

要产粮大省地下水长期“赤字”运行，将会对我国中长期粮食安全构成极大威胁。现有粮食安全评价体系主要关注经济成本、市场价格和贸易等因素，较少考虑生态环境等因素对粮食安全的影响。欧盟早在1992年就将环境因素纳入共同农业政策，美国有精确衡量耕地环境效益的核算体系。建议加大政策研究，建立数量安全、质量安全以及生态安全多维度的粮食安全评价和决策体系，加快建立兼顾近期安全和长远安全的粮食安全评价和决策体系。

2. 统筹藏粮于库与藏粮于地战略，平衡好粮食的近期安全与中长期安全的关系 藏粮于库仅能保障粮食的数量安全，而藏粮于地不仅能保障粮食的数量安全，也能保障粮食的质量安全和生态安全。近年来，为保障粮食的数量安全，注重藏粮于库战略，带来了耕地和水资源过度利用的问题。建议加强藏粮于库与藏粮于地的统筹研究，科学测算合理的库存规模以及休耕规模，促进藏粮于库与藏粮于地战略的有机结合，平衡好粮食近期安全和中长期安全的关系。

3. 将生态代价纳入粮食主产区的利益补偿机制 以往对粮食主产区利益补偿机制的设计，往往仅考虑主产区的财政成本以及经济发展成本，没有考虑粮食主产区付出的资源环境成本。事实上，粮食主产区为保障粮食生产付出的资源生态代价远胜于经济代价，建议加大对粮食主产区生态成本的测算方法研究力度，在主销区对主产区的利益补偿机制中，不仅要测算主产区付出的财政成本和经济代价，而且要将生态代价纳入测算体系中。

4. 开展对外投资和合作，做好水资源密集型产品进出口战略部署 周边国家的水资源利用程度关乎我国水资源安全与地缘政治稳定。一方面，建议我国着力拓宽农产品贸易渠道，尤其是从周边贸易延伸到与地缘关系较远的国家、从周边国家的耗水农产品贸易转向节水农产品贸易。在进出口农产品结构方面，应做好水资源密集型农产品（如粳稻、棉花、甜菜及设施蔬菜等）进口的战略部署，并对水资源匮乏区域，特别是主要利用地下水灌溉的区域性高耗水农产品出口进行适当调控。另一方面，要避免耗竭式的投资和开发，以负责任的大国形象开展农业对外投资和合作，维护水资源安全与地缘政治稳定，保障长远的投资利益和农产品供给安全。

5. 统筹考虑经济效率与区域水环境承载力，合理布局作物种植结构 东北地区水资源紧缺，旱改水的面积目前已经达到15%，不仅造成水稻库存积压等问题，而且带来严重的水资源超采问题。建议结合作物生长季节与当地气候条件，以水资源承载能力核定地区的种植结构和种植规模，合理布局不同区域最适宜的耕作制度。在区域用水方面，应提高地表水的利用效率，尽量避免和减少对地下水的开采，减轻对区域水循环的扰动和破坏。

“农民合作社＋托管服务”是实现粮食安全的新路子

孙东升　郭君平　黄德林　宋彦峰　朱明坤　陈　磊

自 2004 年以来，我国粮食生产取得“十五连丰”，站稳了 6 000 亿千克新台阶，守住了“谷物基本自给、口粮绝对安全”的底线。但我国的粮食安全还不能说已经过关了，地方和农民发展粮食生产的积极性以及粮食生产结构问题依然较为突出。习近平总书记在参加十三届全国人大二次会议河南代表团审议时指出，河南要立足打造全国重要的粮食生产核心区，推动藏粮于地、藏粮于技，在确保国家粮食安全方面有新担当、新作为。为此，中国农业科学院农业经济与政策顾问团委派专家赴河南省荥阳市对新田地种植专业合作社（以下简称“新田地合作社”）的发展、粮食生产和农业社会化服务情况进行实地调研。调研表明，农民合作社具有为农民提供产前、产中、产后系列化服务的功能，是农业社会化服务体系的中坚力量，通过农民合作社提供农业生产托管服务，对稳定增加粮食产量、改善粮食质量、促进粮农增收等，带领小农户发展现代农业，具有重要现实意义。

一、新田地合作社的基本概况

新田地种植专业合作社成立于 2011 年，地处荥阳市高村乡高村村，注册资金 100 万元。新田地合作社以谋求全体社员的共同利益为宗旨，设有市总社、县区分社、乡镇服务站三级管理机构，采取“合作社＋基地＋农户”的运作模式，坚持成员入社自愿、退社自由、地位平等、民主管理、利益共享、风险共担以及盈余按照成员与合作社的交易量（额）比例返还等原则，具有服务性、管理性和指导性等特点。目前，新田地合作社不仅辐射带动了周边5个乡镇60个行政村12 000户农民，统一种植新麦26强筋小麦4万亩，而且在巩义、兰考、鄢陵、太康、武陟、新郑6个县（市）成立了分社，新麦26种植面积6万余亩，带动了14 000多户。2016年1月26日，国务院总理李克强主持召开座谈会，就政府工作报告和“十三五”规划纲要有关内容征求意见，新田地合作社理事长李杰结合自身的经历与思考，在会上谈了他的看法和建议。新田地合作社先后获得“荥阳市农民合作社十佳合作社”“郑州市农民合作社示范社”“郑州市农民合作社十佳社”“河南省优秀涉农企业”“河南省农民合作社省级示范社”“全国农民合作社国家级示范社”“农业部创业创新百强典型”等荣誉称号。

二、新田地合作社的主要做法

新田地合作社的成员有现金入股成员和非现金入股成员，其中，现金入股成员按1 000元/股入股合作社，最高不超过5股，可参与合作社农资销售差价、粮食烘干服务、粮食收购销售等利润分配；非现金入股成员是与合作社签订服务合同的农户，只享受合作社提供的各项服务，不参与盈余分配。新田地合作社实行统一品种、统一采购、统一供应、统一服务、统一防疫、统一销售的“六统一”制度，为全体成员提供种子（优质强筋小麦、弱筋小麦和优质玉米）、化肥和农药等农资产品，以及耕、种、植保、收等全程托管式的农业社会化服务。

1. 通过农事托管等农业社会化服务，提升粮食适度规模经营水平 一是代耕代种、代管代营模式。部分具备劳动能力的社员、家庭农场、种粮大户将承包地加入合作社，由新田地合作社全程负责农业生产资料代购，土地深松、耙地的服务，飞防除草和植保服务，以及销售，实现合作共赢。二是土地银行模式。由县委、县政府、银行共同成立农业投资发展有限公司（简称土地银行），农户将土地承包经营权抵押至“土地银行”，由“土地银行”根据土地性质每年支付给农户“固定收益”（900 元/亩）和“变动利息”（100～200 元）；“土地银行”连方成片的土地托管给新田地合作社生产、管理、经营，并由“土地银行”垫资相关的全程托管费用，托管土地的粮食收入归“土地银行”所有。三是联耕联种、联管联营模式。对于村“两委”班子凝聚力较强的村，将农户确权后的土地全部集中，成立“新田地农场”，与新田地合作社进行联耕联种、联管联营。新田地合作社垫资全程托管“新田地农场”的耕地，采取“破边、破渠、破埂”的方式，进行集中连片式的耕地整理，统一进行单一作物的生产经营。作物收获后，按照农户社员确权的土地亩数乘以平均亩产，由“新田地农场”分配粮食、粮款。此外，新田地合作社每年支付 30 元/亩的看护费作为村“两委”集体经济收入。

2. 精选优质高产良种，优化粮食品种结构 河南是产粮大省，在粮食连年丰收的同时，也出现一些“卖粮难、卖粮贱”情况。针对“谷贱伤农”的问题，新田地合作社在成立之初，就在国家小麦工程技术研究中心支持下从“优质良种”上下功夫，选择产量更高、售价更有优势的新麦 26 强筋小麦、豫玉 30 角质化玉米、郑黄糯 2 号糯米化玉米优质专用品种，直接和面粉厂、饲料厂对接，签订销售合同，发展订单农业，通过传统粮食作物向“优质专用”的结构转型，实现了粮食生产经营的优质优价。

3. 整合多方资源优势，谋求互利合作共赢 一是以共享共建的方式横向联合同行业力量。随着代耕代种的土地面积增加，为降低农业托管服务成本，新田地合作社将周边农机合作社的 200 多台农业机械进行整合和统一调动，为社员提供耕、种、收、割服务；同时，与安阳市全丰生物科技有限公司合作，共建一支拥有 10 架无人机的植保队伍，对农作物病虫害进行统防统治。二是以订单生产的方式纵向联合上下游企业。为保障粮食销路，防止收购商压价，新田地合作社十分重视与食品企业的合作对接。2015 年，新田地合作社以高于市场行情的价格，先后与青岛一家面粉厂签订了小麦销售合同，与正大集团签订了宇玉 30 玉米定向销售合同。目前，新田地合作社已与 30 多家面粉企业（如益海嘉里集团、中粮集团等）、20 多家饲料企业（如正大集团等）签订了销售合同。

三、新田地合作社的发展成效

经过近 9 年的探索和快速发展，新田地合作社探索出了一条提高农户种粮积极性、地方发展粮食生产积极性的新路子，取得了令人瞩目的成效，主要体现在以下三方面：

1. 节本优价，促农增收　在农产品价格“天花板”封顶、成本“地板”抬升和资源环境“硬约束”加剧等多重挤压下，新田地合作社通过优质强筋小麦、角质化玉米的推广和“购、耕、种、管、收、销”全程技术集成标准化的科学管理，形成了粮食生产成本低、售价高、利润空间大的比较优势。以小麦为例，2015 年，新田地合作社成员户的小麦单产（600 千克/亩）平均比非成员农户高 100 千克，亩均生产经营成本比非成员农户低 110 元。2017 年，新田地合作社成员户的亩均种子、化肥投入量分别比非成员农户减少 2.5 千克和 20 千克，化肥、机械投入单价平均比非成员农户减少 0.2 元/千克、20 元/亩，亩均经营成本比非成员农户减少 111 元（节约成本近 30%）；不仅如此，新田地合作社成员户的小麦单产、售价平均分别比非成员农户高 100 千克/亩、0.4 元/千克，亩均收益比非成员农户多 446 元。

2. 带领小农户发展现代农业，释放农村劳动力　新田地合作社于 2016 年实现了小麦、玉米的机耕整地、种肥同播、飞防植保、机械化脱粒、机械化烘干、收储等全程机械化作业，通过“机械换人工”，节约和释放了一大批农村劳动力，输出了大量的产业工人和现代服务业从业人员，增加农民务工收入。与此同时，随着新田地合作社为农服务和促农增收的能力不断增强，取得的效益越来越明显，让越来越多的农户要求加入合作社，有效缓解了小农户生产与社会大生产、千家万户的小经营与千变万化大市场之间的矛盾，提升了粮食生产经营的组织化水平。

3. 提高了秸秆综合利用率，减少了环境污染 新田地合作社通过提供统一农业托管服务的优势，在作物收获环节，不仅为农户提供对粮食烘干服务，同时，还将部分玉米秸秆加工成供奶牛食用的黄储饲料，将部分小麦秸秆打包做成造纸厂的原料。这样，既能够带来一定的副产品经济收入，更为重要的是，减少了焚烧秸秆所造成的空气污染等环境问题。

四、政策建议

粮食安全是国家安全的重要基础。作为当前重要的新型农业经营主体和现代农业建设的重要力量，农民合作社在促进适度规模经营、推动乡村振兴、粮食生产节本提质增效、促农增收致富中的作用越来越突出。然尽管如此，不少农民合作社发展还存在现实困难，据新田地合作社理事长李杰反映，这些困难中突出的有三个：建设用地审批难、融资难融资贵、农田水利基础设施老化，亟待采取有效的应对举措。

第一，要基本满足农民合作社合理的建设用地需求。一是适度增加年度新增涉农建设用地指标，优先用于农民合作社建设晾晒场、烘干塔、仓库等配套农业设施，同时减半或者免征土地出让金。二是适度扩大设施农业用地范围，对农民合作社的生产设施用地和附属设施用地，按设施农用地管理，面积500亩以下的，占地面积不超过5亩；500亩以上的，按1%的比例安排建设用地。

第二，要有效缓解农民合作社融资难融资贵。一是支持金融机构围绕农民合作社的信贷需求创新农村金融产品和服务方式，构建多元化的信贷产品。二是成立农业担保公司业务指导委员会，组建政策性农业信贷担保有限责任公司，推进农业信贷担保体系建设。三是通过政府财政出资成立支农风险补偿基金，建立相关利益主体风险分担机制，激励金融机构加大对“三农”发展的支持力度。

第三，要提高农业基础设施运行管护水平。一方面，结合“两区”划定和“两区”建设的工作需要，继续稳定增加财政农业投入，大规模推进高标准农田建设，完善农田水利等基础设施，夯实粮食高产稳产基础。另一方面，创新管理机制和管理办法，健全农田水利等基础设施的长效管护机制，确保农业基础设施的状态良好、功能完好、运行正常。

多主体协同推进农村生活垃圾分类处理

朱 宁 赵一夫

农村人居环境整治是实施乡村振兴战略的重大任务。早在 2003 年，浙江省就启动了“千村示范、万村整治”行动，长期实践中，浙江省各地在农村人居环境整治方面形成了一批创新性的做法和经验，尤其在农村生活垃圾分类处理方面走在了全国前列。宁波市作为浙江省农村生活垃圾分类处理实践的排头兵，其不断创新的发展模式，可为全国提供鲜活样板。为深入探究和总结宁波市农村生活垃圾分类处理的运行模式，2019 年 7 月中旬，中国农业科学院“乡村治理与发展”课题组赴宁波开展实地调研。调研发现，宁波市推行的“四分四定”农村生活垃圾分类处理体系以及多主体协同网格化模式，充分发挥了党建引领作用，调动了多主体的能动性和积极性，形成了一套有序良性的运转机制，能够为其他地区建立全方位、立体式、网格状的农村生活垃圾分类处理运行机制提供有益借鉴。

一、主要做法

2017 年，浙江省发布了《关于扎实推进农村生活垃圾分类处理工作的通知》（浙委办发〔2017〕68 号），并于 2018 年编制了《浙江省农村生活垃圾分类处理工作“三步走”实施方案》（浙村整建办〔2018〕5 号），落实了习近平总书记关于“加快建立分类投放、分类收集、分类运输、分类处理的垃圾处置系统”的指示精神，明确了农村生活垃圾“四分四定”的处理体系：一是分类投放定点。村民将生活垃圾分成可回收垃圾、厨余垃圾、有害垃圾、其他垃圾四大类，按时投放至指定可上盖或密闭垃圾桶。二是分类收集定时。按照“定点布桶、定时投放、定时清运、桶随车走”的原则，对不同类别的生活垃圾分别按照约定时间收集。三是分类转运定车。分类收集后，根据垃圾不同去向进行清运。四是分类处置定位。厨余垃圾统一堆放发酵作肥料还田处理，有害垃圾及其他垃圾集中到固定地点处理，可回收、有价值的垃圾再利用。“四分四定”垃圾处理体系契合了农村生活方式和垃圾类型特征，充分调动了村民参与的积极性，宁波市宁海县胡陈乡党委书记张微燕深有体会：“‘四分四定’易于老百姓接受和操作、利于收集与回收利用、便于管理与运行”。

宁波市全面推行“四分四定”农村生活垃圾处理体系，有 5 个县（市、区）获得“2018 年度浙江省农村生活垃圾分类处理工作优胜县”。2019 年，新实施垃圾分类的村 350 个，行政村覆盖面超过了 70%。为巩固和规范生活垃圾分类，发布了《宁波市生活垃圾分类管理条例》（自 2019 年 10 月 1 日起实施）、《宁波市生活垃圾分类投放指南》（甬分办〔2019〕26 号），农村生活垃圾分类迎来了“标准答案”。

二、运行机制

调研中发现，农村生活垃圾分类“能不能实现、能不能处理好、能不能长期保持”，宁波主要经验是“人是关键，让更多人行动起来”，实践中逐渐形成了一套上下联动、多主体协同推进的网格化运行机制，由上至下开展农村生活垃圾分类处理宣传指导及监督考核，通过层层落实责任，形成以“党员领跑＋村民代表与巾帼主跑（助跑）＋全民共跑”为代表的村级多主体网格化运行机制，发挥了党员“领头雁”作用，正如象山县农业农村局局长章志鸿所言，“农村生活垃圾分类能不能实行、网格化运行机制能不能推开，这与村党组织书记、党员关系密切”。

1. “党员领跑＋巾帼主跑＋全民共跑”网格化运行机制 余姚市泗门镇谢家路村推行“三包”，即实行党支部包片、妇女中心户长包户、全民包质，实现了“1＋1”式包户联户包桶模式，即以“1名党员＋1名中心女户长”为责任人，督促指导带动周边10～15户家庭，党员干部和女户长的主力军作用得到有效发挥。目前，谢家路村生活垃圾分类实现了“三提”：知晓率由30％提升到95％、参与率由30％提升到90％、准确率由20％提升到85％。也实现了“三减”：日产生垃圾量由5.6吨减少至2.2吨、全村垃圾桶由1 632个减少到431个、运行成本明显降低。

2. “党员领跑＋村民代表助跑＋全民共跑”网格化运行机制 宁海县胡陈乡梅山村生活垃圾分类处理实行包干制，全村分成队与组，每队2个组、每组有5～6户村民，村干部、党员及村民代表担任部分小组的组长，通过分组包干“责任田”，手把手教村民做好垃圾分类。妇女主任叶婉芳感触最深“我是包片党员，2016年实行垃圾分类效果不明显。之后党员主动加压，2017年挨家挨户宣传‘垃圾智分类’，村民逐渐养成了垃圾分类习惯”。目前，梅山村走出了“政府贴钱赚吆喝”“检查过后易回潮”的老路，实现生活垃圾分类知晓率100％、户分类式垃圾桶覆盖率100％、生活垃圾减量率50％、可回收垃圾在地利用率50％、农户正确分类率达到98％以上、费用支出较原定计划下降40％以上。

3. “党员领跑＋村民代表与群众志愿者主跑＋全民共跑”网格化运行机制 鄞州区姜山镇陆家堰村把村庄分为4个片区，每个片区设立片区责任人、网格管理员、保洁员、网格监督员，村党组织书记担任总负责人，片区责任人由党支部成员担任，网格管理员及网格监督员由党员、村民代表、群众志愿者担任，协同村民推进生活垃圾分类处理，陆家堰村党组织书记姚宏法说：“我们村生活垃圾分类实行网格管理，发挥了村民自治的能力”。目前，陆家堰村实现生活垃圾分类知晓率、户分类式垃圾桶覆盖率、生活垃圾农户正确分类率三个100％。

三、保障措施

所调研地区制定实施了针对村民养成生活垃圾分类习惯、确保农村生活垃圾分类处理的保障措施。

1. 需求表达措施 满足村民对良好环境的需求，是农村生活垃圾分类处理的最终目的，多主体有效参与形式和表达机制，有利于推进该项工作。调研地区针对农村生活垃圾分类处理，因地制宜的通过“鱼排说事”“六点半说事会”“说事长廊”“小板凳”等多种“村民说事”形式，“说”出了适合本村的垃圾分类工作方案，“说”出了村民对垃圾分类的意见、建议以及需求，“说”出了“妙计良策”，明晰了权利和义务。

2. 宣传措施 为了提升农村生活垃圾分类的认知，调研地区涌现出多种多样的宣传方式，一是传统宣传方式，政府部门及村“两委”发放宣传手册、上门讲解及指导。二是志愿者宣传，鄞州区姜山镇陆家堰村成立“聚爱志愿团队”，志愿者通过展板展示、入户讲解与示范等多种形式宣传垃圾分类知识。三是编制朗朗上口的宣传口号。余姚市泗门镇谢家路村编制了“顺口溜”——“蓝色大桶可回收，变废为宝当钱用……”象山县黄避岙乡高泥村编制了垃圾分类歌“生活垃圾要分类，大人小孩都应会……”宁海县胡陈乡梅山村编制了“垃圾品　分类倒”的“三字经”。四是建立垃圾分类体验中心，宁海县胡陈乡梅山村专门建立了垃圾分类体验中心，宣传垃圾分类处理全过程。五是垃圾分类宣传进校园，鄞州区开展垃圾分类“常态化”教育、“小手拉大手”行动，引导孩子成为宣传员、监督员、志愿者，“浸润化”效果凸显。

3. 约束措施 生活垃圾分类进村规民约是调研地区典型有效的约束措施，象山县黄避岙乡高泥村、宁海县胡陈乡梅山村与力洋镇海头村在村规民约中提出“提倡实行垃圾源头分类、减量处理、定点投放，严禁向河道、沟渠丢垃圾”，鄞州区姜山镇陆家堰村编制了“三字经”式的村规民约，提出“扔垃圾 请分类 废变宝 护地球 讲卫生 洁环境”。村规民约实现了村民生活垃圾分类处理的自我管理、自我教育和自我约束。

4. 激励措施 调研地区主要采用积分制、评优挂牌以及财政奖励的方式激励村民生活垃圾分类，一是积分制。象山县黄避岙乡高泥村建立绿色账户积分制度，积分可通过兑换机兑换比超市更便宜的商品。宁海县胡陈乡梅山村根据生活垃圾分类情况和重量积分，村民持“绿色积分卡”可到“绿色积分超市”内兑换相应积分的礼品，“我用积分换了洗衣液、肥皂，这都是倒垃圾倒出来的福利”，梅山村妇女主任叶婉芳说。二是评优挂牌。由行政村评优，颁发门牌，比如象山县墙头镇溪里方村评选“垃圾分类示范户”、象山县黄避岙村高泥村和宁海县胡陈乡梅山村评选“清洁庭院”、鄞州区姜山镇陆家堰村评选“洁美家庭示范户”。三是财政奖励。象山县每季度委托第三方机构，对所有行政村垃圾分类情况进行实效考评，按每人每年平均补 20 元列入财政预算，年底根据第三方实效考评结果进行一次拨付。

5. 监督措施 调研地区通过发挥农村“熟人”社会的优势，采用网格化监督以及考评作为监督的具体手段，一是以村为网点的监督制度。鄞州区姜山镇陆家堰村推行网格化监督制度，村干部、党员、村民代表、妇女代表及志愿者等主要力量都被纳入网格小组，对网格内的农户巡查监督。二是以县为网点的监督制度。象山县推行四级监督体系，县级每季度委托第三方机构，对所有行政村垃圾分类情况进行实效考评；镇级专门成立工作组，每月检查考评通报；村级将垃圾分类写进村规民约，每月评比公布优秀及后进户、优秀及后进保洁员，与评优挂牌、信贷优惠、村里的福利待遇挂钩；村内的收集员作为“桶长”，对每户（1 户 1 号）的垃圾分类质量进行监督。三是考评张榜制度。鄞州区农村环境卫生整治办公室组织第三方开展行政村洁美指数评估，定期发布“红黑榜”，督促考核结果差的行政村“脱离黑榜”。

四、经验启示

1. “四分四定”是推进农村生活垃圾分类处理的有效路径 “四分四定”形成了全链条生活垃圾分类处理体系，避免了长期不清、二次污染、转运不及时、利用不充分、运营成本高的难题，尤其是有些村庄引进科学化数字运营管理模式，垃圾分类知晓率、参与率以及减量率得到了显著提高。宁波农村生活垃圾“四分四定”处理体系效果显著，该体系农户可接受、清运员易操作、干部好管理、治理有成效、经验可复制。

2. 多主体协同网格化是推进农村生活垃圾分类处理的长效运行机制 实践证明，多主体协同网格化管理机制能有效提升村民垃圾分类知晓率、户分类式垃圾桶覆盖率、生活垃圾减量率、可回收垃圾利用率、农户正确分类率，还有效降低了费用支出，实现了“用钱少、效果好、持续久”。网格化运行机制使得党员带头作用得到充分发挥、村民代表表率作用得到充分显现、村民力量得到充分发动，而且妇女以及志愿者的攻坚作用得以挖掘、孩子的“浸润”作用得以开发，这种全方位、立体式、网络状的农村生活垃圾分类处理多主体协同创新模式具有普遍意义。

3. 保障措施是推进农村生活垃圾分类处理的助力器 有效的保障措施对推进农村生活垃圾分类处理至关重要，制订需求表达措施，利用“村民说事”等方式，做到农户需求可表达、能满足；制订宣传措施，推行志愿者言传身教、垃圾分类“顺口溜”、“三字经”垃圾分类歌、垃圾分类体验中心以及垃圾分类进校园等方式，做到宣传方式多样、宣传覆盖面广、宣传内容可体验；制订约束措施，生活垃圾分类进村规民约，发挥“自治”“德治”的作用；制订激励措施，积分换礼品让村民有利、评优挂牌让村民有面、财政奖励让村民有荣誉；制订监督措施，推行网格化监督，做到“人人都是监督员”，定期考评评优，配套惩罚机制。

附　　录

附录 1　2018 年顾问团工作总结

2018 年是我国改革开放 40 年，也是实施乡村振兴战略深入推进年，中国农业科学院农业经济与政策顾问团在院党组的直接领导下，在万宝瑞团长的带领下，在各位顾问的积极参与和支持下，围绕党的十九大报告中提出的实施乡村振兴战略，深入分析“三农”工作面临的形势和任务，研究实施乡村振兴战略的重要政策并进行部署，组织专家深入调研，上报的多篇政策建议得到上级领导的重要批示，各项工作取得了较好的成绩。2018 年的顾问团工作有以下四个特点：一是各位顾问专家积极性和参与度都比较高；二是专家调研报告数量不断增加，成果得到领导好评；三是简报质量进一步提高，建言献策影响越来越大。顾问团工作取得了很好的成绩，具体工作简要报告如下：

一是各位顾问专家积极性和参与度都比较高。2018 年，顾问团深刻学习领会习近平总书记系列重要讲话精神，正确把握我国新时期“三农”工作重点，紧紧围绕党中央国务院重大决策部署，认真总结我国改革开放 40 年我国农村改革的光辉历程与基本经验，继续贯彻落实 2015 年时任国务院副总理汪洋在顾问团成立十周年专家座谈会上的重要讲话精神，组织专家深入安徽、四川、湖南、江西、黑龙江、吉林、河北等省份开展调研，形成研究报告 11 篇，其中有 7 篇专家建议和 1 篇工作汇报得到国务院有关领导和部级有关领导的批示，《求是》杂志内参转载 2 份建议。这些研究报告主要涉及“农业发展”“农业供给侧结构改革”“乡村振兴战略”“粮食安全”“规模经营”“制度建设”等内容。顾问团的这些研究成果不但发挥了顾问团科学研究、决策支撑、科学决策的作用，也起到了在服务政府宏观决策方面的智囊团和思想库的作用。

二是专家调研报告数量不断增加，成果得到领导好评。2018年有7篇建议报告得到国务院及部委有关领导批示，发挥决策咨询与参考作用。“农业企业与农民合作社联盟是实现小农户与现代农业衔接的有效途径”报告得到国务院副总理胡春华的批示；“三权分置：农地制度的重大创新”得到汪洋副总理的批示；“我国农村改革的光辉历程与基本经验”得到农业农村部余欣荣副部长的批示；“稻谷托市价格下调需重视新变化和新问题”和“谨防粮食生产不利因素叠加”得到农业农村部韩俊副部长的批示；“成都市以体制创新激活城市要素下乡的实践与启示”得到成都市主要领导的批示；“促进小农户与现代农业衔接的经验启示与建议”得到国务院研究室副主任郭玮的批示。

三是简报质量进一步提高，建言献策影响越来越大。《判断与思考》简报在万宝瑞团长主抓下，办刊质量不断提升，影响力日益增强，所刊发的文章力求对“三农”热点问题具有独到见解，分析问题做到严谨透彻。顾问专家在国务院决策、在政协参政议政、在有关部门和企业咨询决策中都发挥了重要作用。2018年，顾问团加强了《判断与思考》简报的选题和编辑工作，全年共发简报10期，围绕农业供给侧改革、乡村振兴战略、粮食安全、规模经营、农业发展等方面进行选题，注重选发针对性强和可操作性的政策建议报送中央及有关部委参阅。

同时，顾问团注重宣传顾问团研究成果。一是编辑出版了《2017中国农业科学院农业经济与政策顾问团专家论文集》；二是适当增加了《判断与思考》简报发送范围，并将好文章推荐给相关媒体，目前简报发行已增加到2019年每期140份，发行对象既有中共中央办公厅、国务院办公厅、全国人民代表大会、全国人民政治协商会议的党政领导，也有相关部委及科研院所领导及专家，同时为了加强影响力，还推送给《人民日报》《农民日报》《求是杂志社》等相关媒体，起到了很好的宣传效果。截至 2018 年底，共编辑发行《判断与思考》简报 87 期，其中 48 期得到党中央、国务院和相关部委领导的批示。《判断与思考》已经成为顾问和院所专家向上级反映有关农业农村经济与政策建议的一个重要渠道。

由于时间关系，秘书处对顾问团 2018 年的工作只做简要的小结。2019 年秘书处将继续做好本职工作，一是向上争取更多更大的支持，二是做好重大调研选题和建议报告的服务支撑，三是加大顾问团成果的宣传力度，不断提升服务质量，做好顾问团领导、顾问交办的各项工作，争取各项工作再上新台阶。

顾问团秘书处

2019.4.21

附录 2　中国农业科学院农业经济与政策顾问团简介

为有效利用中国农业科学院“国家农业政策分析与决策支持系统重点开放实验室”政策分析平台，指导研究人员及博士后深入实际，调查研究我国农业和农村经济发展中的政策热点、重点和难点问题，为国家制定农业政策和解决“三农”问题提供科学的决策服务，充分发挥专家顾问的高层指导作用，中国农业科学院依托“国家农业政策分析与决策支持系统重点开放实验室”政策专家顾问组和博士后指导团，于 2005 年成立了中国农业科学院农业经济与政策顾问团（以下简称“顾问团”）。截至 2020 年 2 月，顾问团成员共有 15 名。顾问团秘书处办公室设在中国农业科学院农业经济与发展研究所，负责顾问团日常事务安排与管理。

一、主要职能

1. 研究确定开放实验室年度研究主题和研究思路，对立题进行指导和审查，确保研究主题切合实际需要。

2. 对研究成果进行评估和把关，确保研究成果具有战略性、前瞻性和可行性。

3. 为开放实验室基础性、公益性研究工作提供指导，确保研究计划的针对性和指向性。

4. 指导拓展研究成果的转化和运用渠道，确保服务宏观决策的作用充分发挥。

5. 组织编制内部材料《判断与思考》，供国家有关部门和中央领导决策参考。

6. 指导博士后研究人员。

（1）为拟招聘入站的博士后研究人员，提出、确定研究选题。

（2）指导博士后年度招聘面试工作，评议确定年度初选博士后研究人员名单。

（3）指导新招聘博士后研究人员进行前期研究开题，对已招聘博士后研究人员的课题框架和工作内容，进行理论和实践指导。

（4）指导博士后研究人员开展调查研究工作，以及研究成果转化为政策建议。

（5）为博士后研究人员开展课题研究工作提供其他必要的支持。

二、运行管理

1. 顾问团每年开展活动，由秘书处根据需要事前提出议题建议，经与相关人员充分沟通后报请顾问团负责人审定。

2. 顾问团成员兼任博士后导师。

3. 顾问团的活动经费及博士后研究基金主要由农经所自筹解决，并争取有关部门、单位、机构的支持与资助。

4. 秘书处负责《判断与思考》的具体事务以及顾问团活动的安排与组织管理。

三、研究成果

1. 面向我国农业与农村经济发展的重大理论和现实问题，开展农业农村经济与政策相关研究，既要体现国家农业政策的前瞻布局，又要代表国家农业与农村经济的发展方向，同时能够满足省、市地方农业农村经济发展的需要，为国家解决“三农”问题提供决策参考。

2. 研究成果归属于顾问团和中国农业科学院农业经济与发展研究所共同所有。

附录3　中国农业科学院农业经济与政策顾问团成员

万宝瑞　国家食物与营养咨询委员会名誉主任、顾问团团长
翟虎渠　中国农业科学院原院长、顾问团副团长
尹成杰　中国农业经济学会会长
刘志澄　中国农业经济学会名誉会长
陈晓华　全国政协农业和农村委员会副主任
江泽林　吉林省政协主席、党组书记
黄守宏　国务院研究室主任、党组书记
钱克明　全国政协常委、商务部副部长
马正其　国家市场监督管理总局副局长、党组成员
薛　亮　中国农业科学院原党组书记
郭庚茂　全国政协提案委员会副主任
杨庆才　吉林省原副省长
马晓河　国家发展和改革委员会宏观经济研究院原副院长
范小建　国务院扶贫办原主任
陈萌山　中国农业科学院原党组书记

附录 4　中国农业科学院农业经济与政策顾问团秘书处

秘书长：

梅旭荣　中国农业科学院副院长

副秘书长：

王小举　中国农业科学院办公室主任

袁龙江　中国农业科学院农业经济与发展研究所所长

王加启　农业农村部食物与营养发展研究所所长

办公室主任：

孙东升　中国农业科学院农业经济与发展研究所副所长

王济民　中国农业科学院办公室副主任

图书在版编目（CIP）数据

2019中国农业科学院农业经济与政策顾问团专家论文集 / 顾问团秘书处编. —北京：中国农业出版社，2020.5

ISBN 978-7-109-26800-5

Ⅰ.①2… Ⅱ.①顾… Ⅲ.①农业经济—中国—文集 ②农业政策—中国—文集 Ⅳ.①F32-53

中国版本图书馆CIP数据核字（2020）第070151号

2019中国农业科学院农业经济与政策顾问团专家论文集

2019 ZHONGGUO NONGYE KEXUEYUAN NONGYE JINGJI YU ZHENGCE GUWENTUAN ZHUANJIA LUNWENJI

中国农业出版社出版
地址：北京市朝阳区麦子店街18号楼
邮编：100125
责任编辑：廖　宁　杨桂华
版式设计：王　晨　　责任校对：吴丽婷
印刷：北京中兴印刷有限公司
版次：2020年5月第1版
印次：2020年5月北京第1次印刷
发行：新华书店北京发行所
开本：700mm×1000mm　1/16
印张：9.5
字数：200千字
定价：68.00元
